黑貓中隊

翁台生・CHRIS POCOCK／著

了卻一樁心願

衣復恩

U二高空偵察機純然是六〇年代冷戰時期的產物。當時中共把美國當成假想敵，而美國對中國大陸的瞭解有如一張白紙，戰略構想完全沒有依據，才由美國提出高空偵察的方案，由美方提供飛機，中華民國提供飛行員及基地，深入鐵幕偵測中共核子試場、飛彈發展與重要的軍事部署。

靠著U二飛行員出生入死穿越竹幕，總算使中國大陸「打開天窗」，透過高空拍攝的大量照片解析，也讓美國人「如見天日」。這項中美合作偵測任務原由美國戰略空軍負責，因為涉及高度機密，才由中央情報局出面協調，原則上是由中美兩國領袖直接負責，美方由甘迺迪總統授權中央情報局主其事，而我方則由先總統蔣公委派經國先生並指定我代表中方與美方執行作戰計畫，作業成果直接跟先總統蔣公彙報。一九六三年間，我應邀到美國內布拉斯加州奧瑪哈的戰略空軍總部，參觀美國全球戰略部署指揮系統，美方曾出示中國大陸重要戰略目標，全都是我U二偵察機拍攝照片製作而成，我才真正體驗到U二在冷戰期間情報蒐集的關鍵角色。美國人掌握中國大陸動態愈多，藉此能增加談判籌碼，威脅大陸。

當年美國人想要偵察中國大陸，再也沒有比中華民國更好的合作對象，這麼接近大陸的飛行基地，訓練如此精良的飛行員，還有海峽兩岸微妙的敵對形勢作掩護；然而，美國從U二偵察任務所獲取的戰略情報遠比我方大得多，美國人也虧欠我方一份情。

中美合作的U二偵察任務可說是當時國際關係的縮影，當時中美共同防禦條約維繫雙方的軍事同盟，而U二合作計畫可以看成是雙方結盟另一項有力的象徵。可是隨著國際大環境的改變，台海情勢緩和，越戰逐漸收尾，季辛吉秘訪中國大陸，再加上衛星偵測技術的翻新，美國利用U二的時機一過，我方更連談判的機會都沒有，令人不無感慨！

中華民國當局本來可以運用U二偵察任務作為條件，向美國提出一些合理要求，可惜我方沒有這麼做，現在回想起來相當可惜，也有點後悔，特別是中華民國空軍折損那麼多精英，除了證明我們的訓練精良，可以承接冒險犯難的任務外，又能代表什麼意義呢？

衣復恩（左）與蔣經國參加桃園黑貓中隊基地茶會。

中華民國空軍卅五中隊總共有廿七人完訓參與U二偵察任務，全身而退的只有十七人，他們可都是死裡逃生的人，我特別同情失陷大陸近二十年，目前滯留美國的葉常棣、張立義的處境。我們不能認為他們生存是一項錯誤，這不是講人道社會應有的態度，希望他們能早日返台受到應有的肯定。

《黑貓中隊》一書至少讓我們有機會告訴下一代，有一批中國人曾經做過一些高空冒險的「傻事」，而且做得很漂亮，當時也立下彪炳的戰功。這段封存近三十年的「最高機密」應該公開，讓國人瞭解「黑貓中隊」的冒險故事，對這段歷史才算有個交代。

一九八九年六月，英國作家包柯克把U二偵察機的故事寫出來，總算讓中華民國空軍「黑貓中隊」的英勇事蹟公諸於世，更欣慰的是《聯合報》記者翁台生不辭勞苦口頭訪問一些當年參與U二計畫的當事人，並大量增補背景資料，使「黑貓中隊」的故事能夠以中國人的角度來陳述，內容翔實，值得細讀。

多年來我一直想把這一段故事記述下來，也開始整理資料，還沒來得及動手，翁台生與包柯克兩位先生合著的《黑貓中隊》一書已經問世。我很高興他們代我了卻這一樁心願。

民國七十九年四月三日

序

包柯克

一九六〇年五月一日，美國飛行員包爾斯駕駛的U二高空偵察機在蘇聯被擊落以後，大多數人都以為U二偵察機的故事已告一段落。這個意外事件把當時的冷戰緊張氣氛推向高潮，蘇聯總理赫魯雪夫藉此大作文章，撻伐西方，並悍拒參加超強高峰會議。美國總統艾森豪被迫承諾，不再派這種高飛的間諜機偵察蘇聯大陸。

只是U二偵察機的故事並未結束，包爾斯事件落幕不到一年後，這種間諜機又開始一項大膽地穿越中國大陸的偵察任務，當時美國與中華民國之間結盟關係非比尋常，方才能情商中華民國空軍卅五中隊出任這項艱鉅任務。《黑貓中隊》這本書就是敘述這一批空軍菁英冒險犯難的故事。

美國洛克希德公司出廠的U二偵察機造型很簡單，卻不太容易駕馭，它的機身重量已盡量減到可怕的極限，力求能保持高飛，迴避敵機的截擊；這樣一來好些正規飛機應有的配備就被無情地犧牲。這樣就更需要有一批藝高人膽大的飛行高手，他們得常保最佳的體能和旺盛鬥志，才能忍受艱險孤寂的長程飛行任務。

地面的後勤支援也是一時之選，U二穿越敵境七萬呎領空，稍有小失誤就可能出大紕漏。

五年前，我開始有寫本U二偵察機故事的念頭，就試著跟這批人接觸，或許是由於工作機密特性的緣故，有些人不願意跟外人多談過去。但是，也有許多人很願意談那些官方從未公開的光榮故事。

等我調閱更多的檔案資料，再跟那些參與蘇聯、古巴、越南偵察任務的人聊上十幾二十小時，才發現至少有二十五人以上為此犧牲性命，整套U二偵察任務也牽扯許多複雜的政治背景。

其中還是以黑貓中隊的故事最令人回味，這個中美混血隊伍的共同目標，就是穿透中國大陸的無聲之牆，打探中共軍力發展動態，特別是有關原子彈的研究進展。自從包爾斯遭擊落之後，黑貓中隊已知中國大陸竹幕之內已有對付他們的致命武器，卻仍勇往直前探虎穴，五年之內就有五架U二慘遭飛彈毒手，黑貓中隊隊員仍是前仆後繼。

我所寫的《蛟龍夫人——U二間諜飛機的歷史》一書去年中分別在英美出版，謝謝美國《世界日報》的記者彭廣揚向台灣的讀者推介這本書，外界反應不錯，也謝謝《聯合報》專案新聞中心記者翁台生摘譯其中有關黑貓中隊故事，並深入補充訪問相關人物，查證這項偵察任務細節，《黑貓中隊》新書才有機會問世。

《黑貓中隊》開始連載之後，有關葉常棣、張立義兩位陷身大陸U二飛行員的不幸遭遇，廣為各界關注，令人十分快慰。這兩位黑貓隊員為國家付出了近乎無可彌補的代價，他們遭擊落被俘後在中國大陸忍辱偷生了近廿年，獲釋之後準備返鄉團聚竟然遭拒，被迫流落在美國七年；這兩位黑貓隊員的際遇，跟包爾斯被俘繫獄一年半後就能換俘歸國，顯然有天壤之別。

我希望這本書的出版能夠紀念那十位不幸捐軀的U二飛行員，也向那些曾經在黑貓中隊犧牲奉獻的勇者致意。

一九九〇年四月

目次

前言

洛克希德公司出廠的U二偵察機從未正式命名，可是她的綽號之多恐怕沒有其他飛機能出其右。最初有人稱她為「天使」，只因為她飛得高；等她開始出任務之後又被封上「究竟」（The Deuce）的名號，主要是沒有人搞懂她的真正角色。

到了一九六〇年代，又有人叫她「神祕女郎」、「黑色女諜報員」。但是真正為大家普遍採用還是「蛟龍夫人」，這個代號借自一九三四年開始連載的漫畫「泰瑞和海盜」，「蛟龍夫人」在漫畫故事中是一個割據一方的女寇，常讓執法的年輕的泰瑞和他的護衛窮於應付。

美國介入太平洋戰爭後，漫畫中的泰瑞李也成長從軍，加入空軍執行太平洋任務，而與蛟龍夫人站在同一陣線對抗日軍。二次大戰結束後，漫畫主題又有了轉變，那時泰瑞變成一名戰鬥機飛行員，而蛟龍夫人則搖身一變，成為對抗中共極權政府的地下組織頭目，仍然是神出鬼沒，來去無蹤，從未失足。

「蛟龍夫人」也就順勢成為U二高空偵察機的共同代號，等到中華民國空軍接手U二偵察任務後，這個具有東方神祕色彩的英雌自然跟著移轉過來。

當時中華民國空軍已替自己所執行的任務取個符合任務特性又具有紀念價值的隊名，卅五中隊眾家兄弟熱烈討論的結果，表決通過選黑貓作為隊上標誌，因為早期U二偵察任務總是在深夜出擊，頗符合黑貓躡手躡腳敏捷的習性，至於隊徽上黑貓雙眼射出的光芒則象徵著高空攝影的神奇。

當時卅五中隊除了共同量製黑貓夾克外，桃園基地軍用吉普車，穿越竹幕的「蛟龍夫人」尾翼都打印著黑貓標誌。一九七五年，中情局的U二R撤出台灣，轉而駐防韓國昆山基地時，仍然沿用黑貓隊徽。

第一章　驚夜奇航

一九五九年八月初某個寧靜的夜晚，時近午夜，美國科羅拉多州蒙特魯馬郡機場機棚內的技師和輕型飛機的主人早已走光，安全警衛也已渾然入夢，突然間，一陣急促敲門聲響起，睡眼惺忪的警衛趕忙起身查看，發現機棚外站著一尊像是來自外太空的怪物。

警衛定神一看，這傢伙看似一位飛行員，只不過穿著異常怪異，他的淡黃色緊身衣四處是拉鍊和掛索樁，笨重的衣著顯然使他行動遲緩。他兩腳蹦跳向前，指向漆黑跑道，操著生硬的英語氣急敗壞地說：「快點！帶槍！高度警戒！」

後來總算查明，這位暗夜迫降的飛行員，是在中華民國空軍服役的華錫鈞少校，他由美國中央情報局安排到德州美墨交界的拉佛林空軍基地受訓，準備駕駛U二高空偵察機深入中國大陸，偵測中共軍事發展動態。

這樁暗夜迫降的怪事，很快在機場四周傳開來，當晚接觸過中國飛行員的警衛和地方官員，卻被告誡不得多嘴，僅由德州訓練中心美國空軍四〇八〇聯隊大隊長布拉頓上校發布一項簡短聲明，但也隻字不提中華民國飛行員接受U二飛航訓練這回事。

華錫鈞失事當晚，正在從事五個小時的夜間飛航訓練，練習在引擎熄火時如何運用六分儀滑行。他試著重新點燃發動機，連續四次都沒有成功，最後試圖靠著公路上的車燈搜尋合適的迫降地點。等到他準備迫降在公路上時，又發現有一處機場就在附近，趕緊拉回起落架想滑遠一點，U二飛機卻滑出跑道十幾公尺才停住，機身雖無大礙，卻也得解體裝運回德州訓練中心①。

U二偵察機在訓練飛行或執行任務中熄火是常有的事，由於七萬呎高空空氣稀薄，就得降到三萬五千呎或更低的空層，才有可能重新點燃引擎。

只是再發動引擎也未必全然有把握，飛行員在下降過程中就得隨時留意附近是否有機場可供滑翔迫降。通常蛟龍夫人只要是從七萬呎高空下滑、可以滑行三百八十公里，大概會有七十分鐘的時間去找迫降場地。許多U二飛行員也都碰過像華錫鈞這類的驚險歷程。

高空熄火迫降要比經過長程偵測飛行返航還要困難些，如果是新手還真的很難駕馭蛟龍夫人。U二偵察訓練飛行過程中，新手頭一次落地總是驚險中帶有一些搏命的娛樂效果，基地上一堆人眼巴巴望著「菜鳥」下來，多少期待他出點糗，又得替他捏把冷汗。

初級資格測試飛行先從離地至爬升兩萬呎開始，遵循一套作業規範，配合器材演練模擬穿越竹幕的過程。這個階段通常由一架西斯納小飛機緊緊跟著，貼在機翼兩邊觀察，飛行教官就坐在西斯納飛機上。U二訓練飛行的速度、高度、角度是否符合要求，透過通訊頻道隨時糾正，同時也不忘給如坐針氈的飛行員一點鼓勵。

基地上一些老經驗飛行員也沒有閒著，他們開著高速的教練車，跟著U二落地的方向沿著跑道衝，隨時提醒看不見地面的「菜鳥」離地幾呎，以避免落地太重，橫生意外。

為減輕U二的重量，設計人凱利．強生發揮天才，使它具有等於自行車的構造，起降時只用兩個輪子，一前一後，而不像一般飛機那樣用四輪。起飛時，機翼下各有一支稱為「彈簧棒」的有輪短棍支撐，這種彈簧棒並未附在機身上，飛機沿著地面行進時，彈簧棒亦撐著機翼跟著前進，直到機翼拉高，彈簧棒才落下。降落時，飛行員必須像騎自行車一樣操縱前後輪，並使速度減慢，然後在適當時機讓一邊機翼在不會撞壞飛機的情況下傾斜，每次降落都像是在迫降。

U二高空偵察任務展開之後，這些初步資格測試飛行的過程並未因經驗累積而稍減，反而是學前聽多了一些失事的分析，看了紀錄影片之後，心裡反而放不開，壓力變得更大。

蛟龍夫人在側風中起降特別顯得脆弱。學習手冊上特別提醒飛行員，除非碰到緊急狀況，否則側風風速一超過十五節，最好就不要硬想降落。製造生產U二的洛克希德公司偏不信邪，特別要試飛機師在側風卅二節下試著降落。這種落地的竅門是盡量把下風的機翼壓低，讓飛機直飛切入跑道，而不是順著風上飄落地。這一招表現很突出，但是空軍仍然堅持不放寬側風速限制。

後來總算找出一些辦法，讓U二飛行員能自我矯正落地前準備動作，避免失誤造成傷亡。最主要的是衡量機身重量和副翼使用狀況，算準進場落地所需的速度。關鍵幾項包括所謂的「T速度」——也就是起碼比失速速率高百分之十二的安全速度，再依落地風向調節進場速度。最理想的狀況是，飛機降落到離地十呎高時，能夠維持「T速度」，而落地衝向跑道終點速度能在十節左右，就必然萬無一失。

除了側風起降的煩惱之外，U二偵察機落地前狹長機翼之間油料平衡也是個大問題。正規的操作是從兩萬呎上空準備再往下降之前先停一會，先將機翼上的失速參考線拉開，如果因速度減緩而使兩翼失衡的話，趕緊調抽油料以維持平衡，這個動作如果不確實，機翼可能像翹翹板一樣兩邊起伏搖擺，落地失事機率大增。

這些起降落地基本技巧掌握之後，飛行員才有機會穿上壓力衣，開始迎向高空。這可全靠他自個兒來了，不管他在地面課程上得多好，一飛沖天高高在上的情況就難掌握，靠的是飛行員本身機敏的反應。這正是U二飛行員選訓特別嚴格的道理。

美國中央情報局組訓中華民國空軍飛行員的計畫是從一九五九年開始。當時設定的基本條件是飛行經驗豐富，在三千小時到四千小時之間，官階在上尉與上校之間的中級軍官，性格較穩定，對飛行知識也已累積相當程度的理解。

這項中美合作計畫由先總統蔣公批准同意後，就在極機密的情況下展開作業，由當時的國防會議祕書長蔣經國主其事，委派空軍作戰署長雷炎鈞與情報署長衣復恩到桃園、新竹、嘉義、台南等基地挑人，經過精挑細選的結果初步選中十二人，送往琉球美國空軍基地審核體能、生理、心理狀況，最後選定六人赴美受訓。

現年七十五歲的衣復恩回想當年選訓的這批U二飛行員，「的確是中華民國空軍的精英，許多都是空軍炸射比賽的冠軍，飛得極為漂亮。」他們雖然在訓練飛行和執行勤務過程中吃足了苦頭，卻是那個時代廣受頌揚的空中英雄。

U二飛行員的選訓相當磨人，甄試學員先得通過一項高空艙房測試，讓你在離心機上跑個不停，同時還得待在一座「烤爐」內，出來後馬上踏入冷澈心肺的冰水裡，這樣的整法主要是測試飛行員忍受壓力的耐度。

接下來還有一整個禮拜更嚴厲的考驗，讓一批基地醫生橫加「凌虐」，用冷水強灌進耳朵裡，測試飛行員的平衡感，採用一些電擊療法，還在學員身上插上一大堆怪狀吸管。這一套測試過程稍後也用在太空人身上，但是U二飛行員卻是首批受到這樣擺布的，難怪有人戲稱感覺像是「新幾內亞豬」，全然是供作實驗用的。

第一批赴美受訓的飛行官總共有六位，由楊世駒中校領軍，於一九五九年初抵五月才開始接受高空偵測訓練飛行，但是實際完訓的只有五位，分別是楊世駒、王太佑、華錫鈞、陳懷生和郗耀華。從一九五九年到一九七一年間，總共有廿七名飛官赴美受訓，根據美國教官的評斷，還是以第一批的素質較整齊，只有一位在訓練過程中因帶機頭太遲出差錯而退訓。

飛行訓練過程中，語言障礙一直是主要的難題。儘管他們備有中國譯員，誤解也在所難免，只要有中華民國飛行官上天，塔台就被告知「英語能力有限的飛行員上了頻道」，地面上的教官就得折騰半天。其實，受訓隊員口語能力大抵應付得過去，但是一碰上高空熄火，得緊急迫降的突發狀況，就會急得舌頭打結。

撇開這類溝通障礙不談，這批飛官的戰鬥機飛行經驗十分豐富，只是飛U二「蛟龍夫人」跟飛戰鬥機迥然不同，連老練的飛行員也很難駕馭。

也有美國教官建議，與其長期為溝通問題苦惱，基地不如編本中文教材，可是自始至終沒有人做。這批來自台灣的飛行員，受訓時不管是否聽懂，都很少提問題，雙方也逐漸理解這項文化差異，而展開心領神會的學習。

目前擔任華航聯合管制中心副主任的王太佑指出，當初赴美受訓學員的英語程度都不

首批赴美受訓的五位飛行員接受頒獎，左起王太佑、郗耀華、華錫鈞、陳懷生、楊世駒。

中華民國空軍首批赴美受訓的U二飛行員掛設在基地辦公室的門牌。

美國德州與墨西哥交界的拉佛林空軍基地遠景。

錯，並不像美國教官所講的那麼不濟，否則如何能通過層層的測試，像有些電子教學節目，隔堂即有考試，語文能力跟不上，根本就無法應付。他認為文化的差異和心理的適應才是真正的問題所在。

U二訓練飛行最大的困難在於蛟龍夫人一開始就隱藏身分，中華民國空軍飛官最初還摸不清楚是怎麼回事。由於U二偵察飛行任務列為最高機密，美國空軍飛行員經過中情局甄試後，先得辦「退役」才能參加選訓，在德州拉佛林空軍基地受訓時，用的也是假名，也不讓家人親友知曉任務的種類。

早在U二偵察任務之前，中華民國空軍已經多次選訓人員赴美從事飛行訓練，絕大多數在進訓練基地之前，就會對飛機種類、性能、任務特性有大致的瞭解，只有U二是例外。學員上了許多電子課程、太空星相、雷達追踪……等相關課程之後，仍然不清楚飛機全貌，一直要到上天之時才真相大白。

王太佑記得，當初在高度保密的情況下，上課只能聽講提問題，不准抄筆記，也不准將任何訓練教材帶出教室，可能也是基於同樣的顧慮，美方根本無意編印教材，修習全靠個人的意會、摸索、磨練在高空出生入死的膽識。

這批中華民國空軍飛行員皆是中級軍官，飛行經驗豐富，也都有單座訓練飛行的經驗，定力較夠，不怯場，再加上高度國家責任榮譽心的驅使之下，表現相當受稱道，接下來幾批U二飛行員赴美受訓，桃園黑貓中隊偶爾會有老隊員相隨，讓這種高難度飛行的經驗能夠傳承延續，盡可能減少一些意外的發生。

第一批五位飛行員完訓後回到桃園基地，在黑貓中隊首任隊長盧錫良領軍下準備出任務。桃園基地一直是中華民國空軍偵察大隊的大本營，多年來一直派遣F一〇一及F一〇四出任務，定期飛往大陸沿海地區偵察照相、空飄傳單與蒐集情報。

一九五八年發生八二三砲戰，台海情勢緊張，這類空中偵測活動也日趨頻繁；美國也已介入，早在U二高空偵察機之前，就已有RB五十七D偵察機進駐桃園。

①華錫鈞目前擔任中華民國空軍航發中心主任，他的這段驚險的暗夜迫降經驗封存記憶整整卅年，一直到去年才把這段經歷發表在八月號美國《空軍雜誌》上，題為〈柯德玆的奇蹟〉。

柯德玆是美國柯羅拉多州一處偏遠的山城。一九五九年八月四日，華錫鈞駕駛U二偵察機作夜間訓練飛行，這也是他這一生首度在異國的夜航，由德州拉佛林空軍基地飛往猶他州奧格登，再根據航圖指示折返；當夜八點半升高後飛了近二個小時，正慶幸無誤失抵達折返點，準備個三度迴轉時，突然出現惱人的熄火問題。

當時U二正在七萬呎高空，情況變得十分窘迫，壓力衣開始充氣，華錫鈞趕緊拉掉頭盔的線路，免得內部橡膠項圈縮得讓人喉頭不舒服，接著自動導航系統也失效，讓他真正感受到U二偵察機在高空缺乏穩定性的程度。

要發動引擎勢必得降到三萬五千呎才有可能，巴不得早點降下可是又得擔心失速或超速的問題，只能力持鎮定緩緩下滑。落到四萬呎左右氣流變換不定，華錫鈞全力穩住飛機，再迫近三萬五千呎，再發動引擎仍然沒有動靜。

心急如焚的華錫鈞以為心慌弄錯程序，急著掏出袋中操作程序表核對，再試仍無聲息；接著又試了一次應變啟動操作，還是無效。

眼看著已降到一萬七千呎，再下去麻煩就大了，附近接緣的洛磯山脈，尖峰高度都在一萬三千呎以上，真是險狀萬分。考慮跳傘嘛，是可以這麼做沒錯，可是U二仍在雲端，搞不清下方地形，跳傘存活的機率也不樂觀，華錫鈞絕望地向鄰近空軍基地發出求救訊號，可是也沒有回應。在呼救無門的情況下，只好祈禱上蒼保佑，華錫鈞驚奇地發現十一點鐘方向下方有亮光，那是從山麓中狹谷散發出來的，有地面燈光就必然有迫降的希望，整個人才鬆了口氣。

華錫鈞過去從未聽過柯德茲小城，更不清楚航圖上的這個小機場；機場經理告訴華錫鈞說，他能夠迫降真是命大，因為鎮上正在考慮關掉機場夜間燈光，以節省大筆電費，而當夜他和塔台人員也正準備熄燈離場。

落地後U二偵察機雖無大礙，卻也得拆解由C一二四運輸機送回德州基地。幾個月後，華錫鈞獲頒美國空軍傑出飛行十字勳章，褒揚他臨危不亂的驚夜奇航經驗。

華錫鈞這趟異國夜航帶給他的人生極大的啟示。他認為這次死裡逃生的夜航經驗有太多的「巧合」，絕非單單是運氣可以解釋的。唯一可以說得通的因素如他所說：「我的祈禱應驗了。」

第二章　黑貓中隊成軍

一、空中電子試驗室

一九五〇、六〇年代，台灣海峽情勢一直處於緊張的狀態，中華民國政府公開宣示反攻大陸的決心未曾稍減，空軍特種部隊掌握中國大陸領空的舉動極具有象徵意義，官方對外的說詞是：「大陸是我國的領土，我們可以任意偵照每一個地區，這類工作也從未間斷過。」這也正是美國所以找上中華民國合作蒐集軍事情報的最佳藉口。

當時中共還沒有十分有效地統治中國大陸，許多地區還有中華民國敵後工作人員的活動空間，空軍特種部隊空投補給的任務也都沒有斷過，定期有人跳傘進入大陸偏遠地區，或夜間乘橡皮艇出擊的反共救國軍在沿海地區登陸，也有靠低空偵察機竄入對岸作定點偵照，空投「反動」傳單。這些敵後工作的象徵意義可能大過實質，但是損失卻相當慘重。

到了五〇年代末期，中美雙方大部分是仰賴偵察機以及截獲的電子訊號來收集情報，由美國提供裝備給經過特別訓練的中華民國飛行員及無線電操作員，讓他們以低空飛越中國大陸，記錄下中共雷達訊號以及空防系統部署的動態，這種電子作戰的成果極為豐碩，損失也極為慘重。

當時，美國在亞洲大陸周圍從日本北部一直延伸到泰國，業已建立一批批的地面電子情報站，來竊聽蘇聯、北韓、中共、北越的情報，台北毫無疑問的是監測中國大陸情報的大本營。這種電子情報站樹立著大批電線桿，蜘蛛網般的天線密佈，可以收到極遠地方發出的微弱電子訊號。公館美軍第十四航空隊可能就利用台北近郊高地定期截收中共方面的電子情報。

當時擔任美國中情局駐台北辦事處主任克萊恩指出，六〇年代美國情報機構不像中華民國情報機構那樣敢冒險，但美國情報機構擁有許多技術，可協助台灣蒐集大陸的情報，而這些技術需要很多訓練。所以雙方合作是兩蒙其利的事。

美國這類截收電子訊號的全球系統能將外國武器、飛機和各種軍事裝備發出的電子訊號加以記錄、分析，可是找出各單位間的實際通訊，予以解讀或至少部分判讀出來更為重要。美國有優異的技術設施蒐集這些情報，但很難分析中文的訊號。中華民國情報官的基本優點是有能力了解和使用中文。台灣的中國人來自大陸各地，了解各種方言，在辨認通訊內容時幫了很大的忙。儘管播遷來台已經多年，中華民國專家仍能認出大陸無線電操作員，宣傳廣播播音員等的特性。

台灣島上中國人對情報解析工作的參與非常廣泛，漸漸的，美國情報機構開始信任他們的技術和誠信，而且中華民國對美國的幫助也很大。若改用美國自己的人員和技術，將很難有同樣效果。

但是，地面站也像太空衛星一樣，偵測範圍有其限度，必須靠情報船航行台灣海峽和偵察機穿越大陸來填補這些缺口。這些空中偵察活動可以截收到中共地面指揮所傳給飛行中米格機的指令，監聽指揮部與前線部隊例行的無線電通信，有時還可以利用截獲的信號發出假的入侵消息，使敵方派出攔截飛機，發動全部的秘密雷達網來搜索這些虛報的入侵飛機，因而暴露有關敵方防空系統的電子設備和軍用機場緊急起降的調度能力。

中華民國空軍所使用的偵察機種幾乎清一色是美國洛克希德公司的產品，早在U二高空偵察機駐紮桃園之前，就有美國海軍採用高低空混合使用的P2V偵察機，還有由B五十七轟炸機改裝的RB五十七A偵察機，將飛機上的炸彈艙全換成攝影機。這兩式偵察機對早期電子作戰貢獻很大，其中又以P2V最值得一提。

P2V偵察機是由洛克希德公司專為美國海軍所設計，配備兩具三千五百匹馬力螺旋槳引擎，機翼兩端各有一具渦輪推進機，在低空時可以使用螺旋槳引擎，高度僅及二、三百公尺，同時它又可以像噴射戰鬥機一樣高飛。這種噴射與螺旋槳兩用飛機續航力強，它的機翼平直不是後掠式的，所以飛行速度可以快慢自如，可以從事高空偵察、海面巡邏、低空布雷、轟炸等各項任務。

由於P2V可以在兩百公尺下低飛，使得中共米格十五、十七戰鬥機無法居高臨下將它擊落，尤其是在夜間漆黑一片，米格機飛行員目視無法發現，而雷達地面迴波紊亂無法發現P2V的位置，截擊相當困難。

中共的高砲與地對空飛彈對P2V也無可奈何，因為高砲射擊最有效的射程大多是仰角的範圍；目標飛得過低之後，轉動角度就大，根本無法盯著它轉動追踪；另外，P2V偵測飛行的高度也不是飛彈所照應的範圍，出師無往不利。

P2V在低空中縱橫，雖然米格機、高砲和飛彈的威脅較小，但一不小心可能撞山，因此機上配備新穎的雷達電子裝備，遇有地面障礙立即反應。這種早期的「空中電子試驗室」，可以說是針對大陸電子作戰的大本營，機員高達十五名，對中共在沿海的軍事部署的掌握幫助極大，可是歷次任務中折損機員上百人，可以說是中華民國空軍犧牲最慘烈的特種部隊。

在台灣海峽高度對峙的緊張時期，除了台海上空爆發的空戰之外，恐怕要屬空軍第六偵察大隊的戰功最為卓著；而台海空戰的英雄公開受到各界的頌揚，偵察大隊卻一直扮演幕後英雄的角色，不僅在當時列為高度機密不為外人所知，時隔多年亦以事涉敏感為由不對外公開，對那些慘烈犧牲的英雄多少是一種缺憾！

二、神祕的混血隊伍

翻開泛黃的簡報和照片，黑貓中隊首任隊長盧錫良回憶黑貓成軍經過，興奮中帶有幾分傷感。U二偵察機全身漆黑，沒有任何識別標幟，當時卅五中隊的陳懷生特別設計了黑貓圖案代表機身，一對金亮的眼睛象徵攝影機，一時成了U二高空偵察小組的隊徽，大夥兒還特地定做了一批夾克，誰也沒想到陳懷生不久就在南昌上空遭擊落殉國①。

陳懷生並不是第一個被擊落的高空偵察機飛行員，早在黑貓中隊成軍之前，負責偵照大陸的第六大隊即與美方合作，使用RB五十七從事高空偵察任務，特別是在八二三砲戰前後，這類偵察任務更是頻繁，人員損失也很大。

RB五十七A巡航高度可達五萬五千呎，雖較米格十七高出近千呎，但是六大隊隊員趙廣華還是在青島上空被擊落，改換成RB五十七D後爬升高度增加近萬呎，王英欽出任務時仍然在天津上空被擊落，接下來，張育保在台灣海峽、金懋昌在福建也分別失事殉難。

ＲＢ五十七Ｄ長翼偵察機是從美國空軍四〇二五聯隊借調到桃園出任務，機上並未配備先進電子反制設備，再加上一般巡航高度只有五、六萬呎，進駐的三架過不久就已折損了兩架。又隔了一年，美國戰略空軍總部汰換了ＲＢ五十七Ｄ，由巡航高度達七萬呎的Ｕ二偵察機取代，ＲＢ五十七Ｄ偵察任務也跟著結束。

Ｕ二高空偵察小組不歸屬空軍指揮，但借用卅五中隊番號，以空軍氣象偵察研究組為掩護，繼續執行大陸偵察任務。美國本土的Ｕ二偵察機隊本部同樣也是以氣象偵察的名義作掩護。

從此，兩架洛克希德公司出產的全黑Ｕ二就常駐桃園，它們公開的說法是歸屬中華民國空軍卅五偵察中隊，說是台灣方面向洛克希德公司採購的；事實上，它是一項中美合作計畫，由美國中央情報局提供飛機、保養和個人救生設備，中華民國則選派飛行員，並提供基地和相關勤務支援。

蛟龍夫人穿幕之旅的這套中美合作方案，始終列為最高機密，作業開始前幾年，我國除了先總統蔣公和故總統蔣經國先生之外，了解整套作業過程的高層軍方人員不會超過十人。

在那個嚴格講求保密防諜的時代，黑貓中隊是一個相當神祕的「混血」組合，有獨立的作業管道，也有單獨的戰情簡報室和相關的配合措施。當時駐紮桃園基地的空軍聯隊長並不清楚作業過程，也沒有權過問這件事。

黑貓中隊隊員從遴選到赴美受訓，乃至到後來執行勤務，一直都被要求對外守口如瓶，甚至家人至親也不明瞭他們上天的任務是什麼。蛟龍夫人的所作所為，顯然是那個時代台灣的最高機密，隱密的程度，有時連當事者都要事隔多年之後才明白是怎麼回事。

大部分的美方人員係洛克希德公司職員，按照中情局合約行事；同時還有一批其他公司相關的引擎、自動導航、空中攝影的專業技術人員進駐，由美國空軍一位上校負責調度，只是他不著軍服，工作人員都以「經理」相稱。

配合U二偵察任務，還有十二三位美方軍職人員進駐，負責協調、維修、救生、照相判讀、通訊等工作，也都不暴露真實身分。

中華民國方面，主要是由中隊長和執行官出面（照理說，應該只有這兩人知道任務牽扯到中情局），另包括飛行員、值勤官、氣象官等人。此外，基地裡還有一兩位美方飛行員經常留駐，負責U二訓練飛行，並提供建議；一些性質不同的特種任務，也有美國人親自出馬上陣。

一九六一年間，黑貓中隊U二偵察機每個月固定深入中國大陸三次，有時候是兩架同時「穿幕」，分頭進行偵察照相工作，這項特種任務一直持續到一九六二年九月九日，陳懷生少校的座機在南昌上空遭擊落之後，外界首度獲知有「從台灣起飛的U二」這件事，

中美混血的神秘隊伍要員合影留念。

當年U二C就是像這樣拆解自美空運抵台，再拼裝而成。

機尾帶有「黑貓」標誌的U二C正準備落地。

蔣經國春節期間到基地眷舍拜年發壓歲錢。

蔣經國與桃園黑貓中隊隊員家眷合影。

蔣經國與當時空軍總司令陳嘉尚穿上黑貓中隊夾克跟楊世駒合影留念。

但對作業細節仍一無所知。

中情局一開始就採取所謂的區隔方式，來維護蛟龍夫人出任務的機密，在桃園基地的作業也是如此。一九六三年間，中情局所屬的美國飛行員自桃園起飛，前往南中國海和越南上空出任務；桃園基地黑貓中隊隊員聽到的說法都是訓練飛行，實際上是執行支援越戰的高空偵察勤務。

中華民國空軍調派支援U二偵察勤務的飛行員，可能也不十分清楚蛟龍夫人從印度出勤和其他相關的機密任務。中情局也不准黑貓中隊美籍隊員在基地裡有太多的交際。不過，桃園基地的美籍「經理」對這項禁令卻是睜一隻眼閉一隻眼。中美雙方的隊員和配偶，偶爾也在台北聚會應酬，區隔理論也只是說說而已。

這種區隔的保密手法，早在黑貓隊員赴美受訓時就已採行。六〇年代末期，中華民國空軍與英國空軍飛行員共同在加州愛德華茲空軍基地受訓，訓練總部規定這兩組人員最好別碰頭；中華民國的隊員因此被安置在距基地三十公里外沙漠中一處偏遠社區，英國飛行員則爭取到較好的待遇，就投宿在基地附近藍卡斯特市中心的汽車旅館。愛德華茲中隊設定這兩種不同的待遇和訓練方式，實在是有點庸人自擾。

桃園黑貓中隊進駐泰國泰克里基地那一段時間，跟U二偵察機的戰管、通訊地勤人員一樣，分別住在基地旁邊的拖車活動廂房內，中情局告誡他們對外一律宣稱是來自夏威夷的飛行員，他們出入基地酒吧都只是戴著美軍特遣隊的配章，反正跟那些F一〇五戰鬥機飛行員喝酒扯淡，誰也不會去追問特遣隊分別來自何方。

中情局跟U二偵察機相關的契約合作，有些也是令人丈二金剛摸不著頭腦，有些從原來的美國空軍四〇二八聯隊外調加入中情局專案的軍職人員，為了守密，常弄不清楚自己會調往何處，這實在是有點荒謬。事實上，這兩個基地出身的飛行員，彼此都已混得很熟，在古巴飛彈危機和其他一些重大事件中都合作無間，美國戰略空軍總部人員也知道他們調往桃園、泰克里或其他基地。可是，中情局仍然堅持這批外調人員寫信回原基地，需經由華府轉送信件，這樣才有可能守密。這種要求實在有點反應過度，一直到包爾斯事件後，中情局深怕幕後角色曝光，才取消這項規定。

這種嚴格區隔的保密手法在匪諜出沒無常的台灣地區尤屬必要。當時，兩架U二就停放在桃園基地二次大戰期間留下來的木製機棚內，四周警戒森嚴，然而中共透過雷達追踪，或許也靠著他們潛伏在台間諜的打探，很快就知道U二偵測飛行任務是怎麼一回事。一九六二年七月，中共就透過人民廣播電台喊話，表示駕U二投共可獲得相當於廿八萬美元的獎勵。

根據中共去年解密的文件透露，當年U二偵察機只要離地四萬呎以上，就會被中國大陸沿海戰管雷達盯牢，甚至在蛟龍夫人接獲任務，飛行員開始聽取戰情簡報時，中共防空系統已開始全面戒備。幾位當年參與U二偵察作業的人都認為，中共這種說法有點誇大。

但是，當年空軍情報署署長衣復恩指出，U二那一陣子是中共的眼中釘，桃園基地四周當然有可能密布匪諜，但是要滲透到實際作業核心是不太可能的事。

當時中情局約聘駐紮桃園基地美籍後勤人員曾向我方提出三點要求：他們通勤座車比照美國使館人員用車掛「使」牌照，比照使用PX外事人員購物卡，另外能參加美軍軍官俱樂部活動。衣復恩皆以唯恐暴露身分為由婉拒，深怕美方人員太過招搖而使祕密任務曝光。曾經有兩位美方人員出基地在新竹夜不歸營，也經我方要求遣送回美國。

這樣的隔離工作環境當然是有「代價」的。美國中情局付給執行海外勤務飛行員津貼高達二千五百美元，幾乎是一般空軍飛行員的四倍待遇，而且調離原職期間年資照算，返回原任後也會獲得晉升，用以吸引年輕飛官加入這個危險的高空偵察任務。

中美合作的U二高空偵察任務，雙方配合相當良好，飛機摔了補充飛機，人員犧牲了補充人員，桃園黑貓中隊偵察機一直保持兩架，飛行員也不超過六人，黑貓隊員所承受的風險高，自然也承受一些特殊的待遇。當時中情局除了提供U二飛機，還陸續儲訓黑貓中隊飛行員，並有意比照美國U二飛行員發給每月二千五百美元的危險加給，但是先總統蔣公擔心中情局「涉入」太深並未答應由美方支薪，只接受美方贈與的座車，還是用象徵性一元美金向美方採購的。

盧錫良回憶說，六〇年代桃園眷村裡就那麼幾戶有冰箱、電視和抽水馬桶；每次蔣經國先生到村裡，總會挨家挨戶慰勞，過年也總不忘到此發壓歲錢、加菜金。那時一般飛行員的月薪在一千元台幣左右，只有黑貓隊員有三、四倍特殊的津貼。U二飛行員在長程偵測飛行的考驗和煎熬之下，也享受比其他飛行員較好的醫療照應，只是能享受這種特殊的待遇人不多。

中情局和中華民國空軍合作協議規定，空軍卅五黑貓中隊U二飛行員在出滿十次任務就得「畢業」轉隊，但是升任中隊長的可以例外。這樣做主要是考慮U二高空偵察任務太過艱險，十次也已達飛行員所能忍受考驗的合理限度；另一方面也可減低萬一飛行員被俘時，可能在酷刑下吐露太多任務機密的風險。

從一九六一年到一九七二年間，黑貓中隊總共完成一百廿二次高空偵測中國大陸的任務，廿七名隊員在出任務和訓練過程中犧牲也非常慘重，總共折損十二架U二飛機，只有十七位隊員全身而退。

①詳見民國七十九年二月七日《聯合報》，世界日報駐洛杉磯記者沈正柔專訪盧錫良。

第三章　穿幕之旅

一、暗夜密電

談起U二高空偵察機那一段穿越竹幕的前塵往事，曾經帶領過空軍卅五「黑貓」中隊的楊世駒語調帶著幾分興奮，思緒彷彿又拉回七萬呎的高空。

六十五歲的楊世駒目前擔任華航組員服務中心主任，似乎仍活在U二飛機輝煌的歷史裡，他的辦公室左側矮櫃上擺著一架全黑U二飛機的模型，正後方也是一幅U二高空翱翔的彩色照片，辦公桌玻璃板下面墊滿著當年桃園黑貓中隊出勤的黑白照片，抽屜裡還堆著五本相關的紀念相簿，當然，這些都伴隨著一段段難以磨滅的出生入死經驗。

U二飛機純然是六〇年代冷戰時代的產物，美國空軍和中央情報局亟需這種戰略偵察機，可以突破敵方防空武器，拍攝高感度的偵察照片。美國軍方就運用U二穿越蘇聯領空蒐集戰略部署情報。

當時，中、蘇共已出現不和的徵兆，美國亟思掌握中共自力發展核子武器和長程彈道飛彈的情報，乃由中央情報局出面組訓中華民國空軍飛行員，駕駛由美方提供的U二高空偵察機深入中國大陸偵察，對外則聲稱是由我方向美國洛克希德公司採購的。

美國戰略空軍總部根據監測中共發佈的氣象資料，確定目標區上空天氣適合空照任務，及時透過密電將出勤指令傳送到桃園黑貓中隊基地，楊世駒記得初期U二飛行員獲知出任務時間大概是晚間九時，經過一陣緊湊的行前準備，蛟龍夫人得在清晨四時左右升空，以趕得上在早晨絕佳時段攝取地面目標。

偵察任務的安排後來經過調整稍有彈性，有時候是一天前通知，上天準備的時段也不盡相同，後期借助紅外線攝影改成夜間偵照之後，桃園基地起飛時間就機動調整，不過原則上基地常保持兩位飛官待命，由駐在醫師最後查驗身體狀況後，就開始行前作業。

U二高空偵察任務一趟飛下來長達八、九小時，沿途得集中心神，體力消耗極大，行前食物攝取就得講究，但又不能吃得過頭，就怕飛行途中。肚子出狀況，全程任務就不好過。

通常在笨重的壓力衣上身之前，出任務的飛行員得強制將體內殘餘清除乾淨。儘管如此，早期的U二偵察機座艙內還是放了兩個尿瓶，由於那個時候的壓力衣製作並非「天衣無縫」，鼠蹊部位仍然照顧不到，才有可能在那裡裝上拉鍊，可是高空排尿實在彆扭，有時候還得花上十分鐘才解決。

後來較新型的壓力衣問世後，才有一套導尿橡皮管，經由蛇管將尿直接排入座椅下方的容器內。至於上「大號」可就沒有門路，要真是出了狀況，那可就不好受。所以飛行員在廿四小時前待命十分注意飲食，只能吃些像牛排、煎蛋這些高蛋白、低殘餘量的食物，以減少肚子作怪的機會。

其實在基地待命的時間面對即將來臨的任務壓力，黑貓隊員的食慾也不太可能好，甚至連睡覺都不安穩。楊世駒說，通常戰情簡報如果是凌晨一、兩點鐘開始，隊員早上床也是翻來覆去睡不著，那種等待的煎熬實在不好過。

戰情簡報分別由中美雙方說明偵察行程的氣候狀況、航路指示、中共空防部署狀況，還有偵測目標重點說明，飛行員通常只是機械性地聽到底，等簡報結束後再抽空研讀由領航員繪製的二百萬分之一地圖。

U二高空偵察任務的成敗，領航員的後勤作業是最關鍵的角色，八、九小時偵察路線皆經過詳細推算規劃，盡可能涵蓋最多的目標。為了方便黑貓中隊隊員判讀起見，這種兩百萬分之一航行圖還將任務重點按照不同顏色分類：紅色標示的路線必須準確地照著飛，

空軍總司令賴名湯試着吸食U二飛行員像牙膏般的「太空食品」，包括有牛肉、橘子汁等。

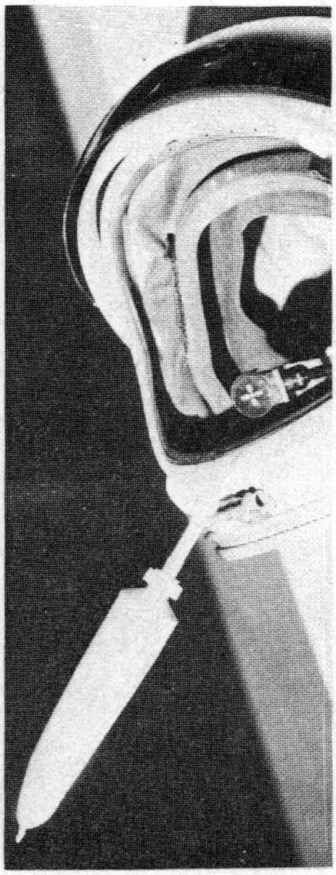

U二飛行員頭盔下方有個進食口，以便在高空中吸食濃縮食品，補充大量消耗的體力。

華錫鈞(左起)、楊世駒、王太佑在「穿幕」之前留下這幀紀念照片。

才不致遺漏特定重大的目標，藍色則表示是較次要的目標，棕色則是顯示有緊急情況可採行的折返路線。

美方人員還利用貳角硬幣在航行圖上劃圈圈，提醒U二飛行員飛臨那些圖形標示地區附近，高敏度照相機和電子情報偵測設備就得打開，這樣一路讀下來已讓人頭昏腦脹，等套上壓力衣，戴上像金魚缸般的玻璃面罩，滋味就更難受了。

壓力衣在蛟龍夫人開始執勤時才發展沒多久，貼身可是不見得舒適，卻又是在高空不可或缺的保命工具。如果U二在六萬三千呎的高空熄火，在艙壓突然完全消失的情況下，飛行員若不穿壓力衣，體內水分會立即蒸乾而當場斃命。

早期U二飛行員穿的是MC三型的壓力衣，只有絞盤和長管從肩部連到腰部，再把下半身及腿部包裹起來，充氣灌氧時就把每平方吋含五磅的氧氣打進壓力衣內，多了這樣一層阻隔屏障，萬一暴露在大氣低冷空氣壓力下，體內流體就不至於擴散。

中華民國空軍送往美國接受U二高空偵察飛行訓練，通常要到幾個月後才能攀升高空，除了課堂講習和初期低空訓練費時外，量製壓力衣也耗掉不少時間。

儘管經過特別量製，貼身的壓力衣長程飛行八、九小時穿下來極不舒服，特別是兩截交接的手肘、膝蓋關節部位特別緊，這些壓力點可真讓人消受不了。後來改良的壓力衣在軀幹和大腿部位加裝氣袋，減少灌氧充氣的壓力，同時也讓壓力衣內空氣稍微流通。

可能是因為任務壓力，過程緊張，分秒必爭的關係，U二飛行員普遍都有汗流浹背的現象，並未因壓力衣再裝氣袋而有所改善，返航落地之後壓力衣內層長袖內衣總是像浸過水般濕透，體重減個二、三公斤更是稀鬆平常。目前擔任華航波音七四七機師的范鴻棣還清楚記得，出一趟U二特種任務回來，後脖子留下的汗水總有半個臉盆。

頸部也正是飛行途中最難過的部位，有人形容這種配套金魚缸頭盔的難受，就像是穿著縮水襯衫，衣領本就太緊，領帶又勒得更緊，讓人透不過氣，每個返航U二飛行員的頸部總是又紅又粗又癢。

高空飛行的毛病還不止於此。起飛之前飛行員必須灌足純氧，消除體內的氮氣，以避免在高空出狀況時身體難以消受。呼吸純氧的時間因人而異，大多數飛行員灌足一小時也就夠了，畢竟灌氧過程是採用吸呼的程序，跟平常呼吸有別，也不是件挺容易的事。

二、致命的牙痛

這類行程準備一點也馬虎不得，否則上天就會出大紕漏，最典型的一個例子是牙齒有漏洞未補，牙洞一丁點空氣到了高空就會擴充，造成劇烈牙痛，很可能被迫取消整個任務。

等到壓力衣上身，灌氧完成之後，出勤的飛行員變得笨重而行動不便，行前的最後查驗工作就委由候補的隊員代勞，並幫忙扣吊環，接蛇管，連管線等細瑣工作，一切就待上路。

由於中共長程泛豐戰管雷達追踪U二的精確度相當高，「蛟龍夫人」自桃園基地升空後，通常是先往東朝琉球方向飛，以避開海峽對岸雷達監控，等爬升到五萬呎高空，才在鵝鑾鼻附近轉向，由汕頭附近進入大陸領空，開始一段不可預知的航程。

第一批黑貓中隊隊員在美國飛的是配裝J五七型發動機的U二A型，等回到桃園出任務再改飛動向較強J七五引擎的U二C型，後者沖天速度可以快得像火箭，即使在滿載情況下也可以維持六萬七千呎的巡航高度。U二在離地之後，通常要等五十分鐘左右才能到達這個巡航高度。

飛行員上天之後就把自動導航系統打開，但由於這項飛行系統的開發跟壓力衣製作一樣，才開始萌芽，難保不在高空偵察任務時出紕漏。

蛟龍夫人在攀升到六萬七千呎高空後，接下來的航路大概都保持一定的速度，隨著油料消耗機身體重減輕後，後幾個小時的巡航高度可以達到七萬五千呎，這就要看U二離地時的總重量和外面空層的溫度而定。

巡航過程中座艙外景觀的變化，幾乎每一個U二飛行員在多年後仍然印象深刻，藍色的天空一望無際，色彩亮麗得令人陶醉；夕陽尤其漂亮，就像是歲月的「終結者」，先是在東方出現一道明暗的界線，逐漸轉成詭異的暗灰色，接下來又變成像一道濃縮的迷你彩虹，逐漸向西垂直將天邊切開，「終結者」那一頭已經入夜還亮著星光，西邊還是橘、紅、藍綜合的天幕，可是就在一瞬間夜幕就垂了下來。

U二穿幕飛上一般民航機巡航的四萬呎空層，天空還是一片藍，可是愈往上爬就愈暗，上到了七萬呎高空時，從頭上望過去，更高的空層幾乎已是漆黑一片，即使是大白天也是如此。

天上景觀變化如此多端，U二飛行員卻很少有心情去欣賞，嚴格軍事訓練的陶鑄，再加上一路上任務繁重且得自求多福，跟蛟龍夫人相處久了，個性總是變得沉默寡言，扳著臉執行任務，不再有太多的幻想和詩情畫意般的憧憬。

但是，黑貓中隊隊員當時對蒙塵的故國山河仍常止不住有幾許激動。

楊世駒記得第一次出任務是飛往青海格爾木偵測一處核子原料加工廠，緊接著陳懷生出勤前往新疆塔塔木，也是在高空拍攝相關的核子設施。那一段時間，U二偵察機一直是圍著西北一帶青海格爾木、甘肅蘭州、內蒙包頭、新疆羅布泊等地打轉，緊盯中共自行發展核子武器與長程彈道飛彈的進展。

當時，中共正全力研究從鈾礦石中提煉出鈾二三八，以取代鈽成為核子分裂原料。這類核子原料工廠大都設在內河或湖泊旁，生產過程中才可借助河水冷卻。「蛟龍夫人」上高敏度的偵測器材可以在七萬呎高空感應測定廠房外側河水溫度，與中共發佈的地面河水溫度相對照，中情局解析人員就可以從河水溫差推估核子原料的產量。

王太佑印象最深刻的是青海，那一大片靛藍的湖水，從高空上看下去是如此靜謐祥和，讓他忍不住想在這片寧靜海上空盤桓一會兒；但是這樣的閒情逸致對黑貓中隊隊員而言，實在是太過奢侈，蛟龍夫人上天後，飛行員就得全神貫注地照料以免誤事。

早期U二高空偵察飛行導航器材十分簡陋，學員講習最重要的課程就是天文航行，白天觀測太陽，夜間注意星座，隨時調整航向角度，而這些天文氣象變化很快，觀測時機稍縱即逝，王太佑形容這種緊張過程是「以五秒鐘為單位在爭取」，飛一趟任務下來真是筋疲力盡。

三、打開天窗

過去U二飛越蘇聯上空偵測時，路線目標部分是沿著鐵路定位，因為蘇聯軍事部署，洲際飛彈調防全靠鐵路運輸，所以只要盯住鐵路，目標就八、九不離十，中國大陸則不然，六〇年代西方一直很困惑何以中共能在荒漠、高原或一些載重運輸工作不太可能到達地區，迅速趕建核子基地或飛彈部署，所以中情局駐桃園地勤人員繪製的航路也摸不著邊，可就苦了黑貓中隊隊員。

U二高空偵察任務執行過程中的忙亂緊張刺激程度，有的隊員形容就像是坐八、九小時的「雲霄飛車」，航程中要緊盯航差透視鏡，要調整修正航路，要操作精敏照相器材和電子情報配備，還要注意中共防空系統暗施冷箭，特別是薩姆二式飛彈的威脅，遇到狀況就不易照應。

洛克希德公司也清楚這種窘境，特別指定外包公司設計一套自動導航系統，主要是幫U二飛行員照應六萬七千呎以上巡航速度，避免在空中解體或失速的危險，但是有了自動導航控制速度並不表示萬無一失，因為巡航速度並不能保持一定，需參酌高空大氣溫度隨時調整，萬一溫度突然轉變，可能使導航系統反應過度也不保險，更何況自動導航經常失效，有時一切得靠飛行員操縱來得安穩些！

一般說來，黑貓隊員出勤回程返航要比去路輕鬆得多，特別是遠征西北偵照，如果地面鏡頭已經捕捉到手，心頭壓力就減輕，再加上蛟龍夫人沒有油料的負荷，身輕飛得就帶勁，受攻擊的機會也相對減少。特別是飛臨台灣海峽上空，那種回家的感覺真好！

在落地之前，黑貓隊員已經迫不及待將面罩往上推，關掉氧氣趕緊吸幾口周邊的新鮮空氣，那種被「金魚缸面罩」封關八、九個小時，沒有呼吸自由的滋味實在不好受。在高空防凍保溫系統一開，聞到的都是一些舊皮件、衣服、電子機件打開的氣味。這些都是U二飛行員在高空擺脫不了的氣味，也難怪有人飛行經驗再豐富，還是怕跟蛟龍夫人上天。

通常U二飛機返航剛落地，空照底片馬上就由美軍C一三〇專機送往日本美軍基地沖洗，十天後沖洗成四個備份，依照合約台灣當局可以取得一份，對我方瞭解海峽對岸軍事發展動態相當有幫助，但是對美方的戰略部署的意義更大，幾乎中共所有的重大軍事發展如核子試爆、飛彈的發展都逃不出美方的監測。

當時擔任空軍情報署長的衣復恩認為，U二的高空偵察勤務等於替西方世界「打開天窗」，但是也多虧精密照相器材、沖印設備的發明，才能使蛟龍夫人銳利的「天眼」得以鉅細靡遺捕捉相關的鏡頭。

早在蛟龍夫人服役之前，美國空軍就利用對流圈最上層附近的噴射氣流施放「間諜汽球」，這種號稱大氣氣象偵測氣球吊掛的搖籃內，附有自動穩定裝置，能在高空氣壓下持續飄行，裡頭自動照相機就順著時速四百公里的氣流，由西向東跨越蘇聯，再利用降落傘墜入地面後，空軍人員可以藉著籃內的發報訊號找回沖洗。

這項代號為「白鯨」的任務持續了近五年，成果並不理想。當時C一一九運輸機定時從琉球那霸美軍基地起飛空飄汽球，平均五百個汽球才找回四十個吊籃，其他可能都被蘇聯打掉或自動失散，美國戰略空軍總部靠著汽球自動相機內的聚乙烯底片總共沖出一萬三千八百幀照片，涵蓋蘇聯百分之八陸地面積，可是映像度很差，有些根本就無法判讀。

有了這次失敗的經驗，中情局乾脆提撥專款，請人祕密研究偵測用高解相度照片。有錢能使鬼推磨，這種重四百磅的B型相機就趕在U二出勤前問世，只有一個卅六吋長焦距

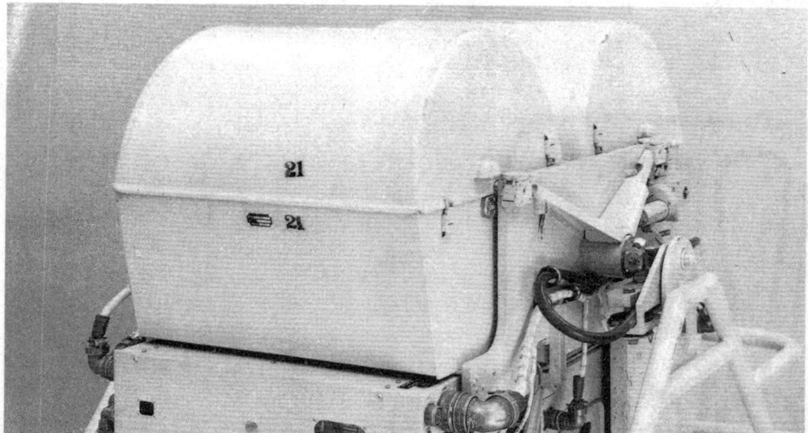

U 二的精敏照相機可拍攝八千呎底片，足够上千情報解析人員忙上一星期。

鏡頭，可是拍回來的照片卻異常清晰。搞偵測的人通常是以每公釐含線條多寡，據以判定照片解相度的高低，過去每釐米能拍到十二條線就已經很不錯了，裝在U二上面的B型照相機卻可拍到每釐米卅條線的照片，從六萬呎高空上只要是長寬各七十公分的目標就逃不過這個「天眼」的追蹤。

這種精密的高空偵測照相機可以多角度轉動拍攝，內裝有廿公分寬的底片長達二千五百公尺，可以連續偵照九個小時以上，黑貓隊員通常是在飛到六萬呎巡航高度，由台灣海峽進入中國內陸時就打開這個設備，讓解析人員能追踪全程的目標。

六〇年代的台灣，照相機還不十分普遍，參與U二的我方人員對這種高科技產品簡直嘆為觀止。先總統蔣公對U二高空偵察任務始終保持高度關切，部分較重要的中共軍事部署的照片，也都呈給他老人家過目。有一次他不經意的問起有沒有他家鄉浙江奉化溪口鎮的照片，後來黑貓隊員出動時就順路拍了幾張，沖出來的照片上王太夫人的墓地居然一清二楚。

U二一趟任務拍下來的照片數量十分驚人，總共有四千組，排起來有一哩長，可以堆滿一間房；由於中美雙方對目標認定取材的角度不同，我方雖然依合約能拿得到一份拷貝，但也只有極少數呈給蔣公參考。

由於黑貓中隊出生入死拍回來的東西，落地後立即轉送日本美軍基地沖印，十天後才送回拷貝，雖說是合約上的規定，但多少造成一些不必要的猜忌，有人會懷疑美方可能留一手。衣復恩私下向美方柯達公司駐桃園基地人員打聽，在台灣另設一套沖印設備有無困難，對方坦承技術上沒有問題。

衣復恩於是向中情局的「經理」建議，請美方考慮在台加設一套沖印設備，以防黑貓隊員冒險犯難弄到的底片，萬一運赴日本途中出現意外，整趟任務的辛苦豈不白費。這樣做也可以顯現美方合作的誠意。

沖印器材設備工作站後來是建立起來了，但是有些照片判讀又遠超出我方的能力範圍，中華民國當局乾脆祕密設立一個代號叫「新生小組」的情報分析單位，在美方技術諮詢的情形下，專門負責研判黑貓隊員所弄到的情報資料，盡可能讓U二飛行員付出的代價得到較大的回報。

第四章　飛向不可預知的危險領域

一、棺材角

U二高空偵察機可以說是揉和傳統和創新的智慧結晶。從某些機型設計看來，U二的設計相當傳統，可是再看它機身結構承受力的絕佳設計和減輕重量的特殊規劃卻又是揚棄傳統。最早出廠的U二淨重一萬二千磅，主要由鋁合金製成，可是缺乏上弦也沒有強固結構支撐，外表又僅封存零點零二吋薄鋁，可以說是相當脆弱，操作不慎就會出事。

蛟龍夫人身長不滿十五公尺，噴射引擎的空氣進口分叉在兩邊，如此設計可減低引擎在空氣稀薄的高空進氣不足熄火的麻煩，表層結構也盡可能維持動力平衡讓飛機保持浮力。

狹長的雙翼是蛟龍夫人能夠高飛的關鍵，縱橫比高達十點六七，裝載量盡可能減低到每平方呎卅磅，才能身輕如燕保持巡航的敏捷，她的雙翼有三組翼樑支撐，並非採用傳統強固的排肋，而是由格子狀的鋁製管片製成，為的也是能增加U二的浮力。

U二機翼的高曲弧度也是突出的特色，可以確保在高空巡航的效力，同時也加入機體的傾斜度，特別是在高速行進時能在水平尾翼維持強力平衡。許多U二飛行員發現，這類平衡如果出了問題，就有可能瀕臨解體邊緣。負責整修U二的「臭鼬小組」後來在副翼、輔助翼加設一套「震盪控制」，在不增加重量的情況下強化飛機的穩定性。U二在高速行進或遭遇亂流時，機翼可設定「震盪控制」的位置，讓副翼調高四度，輔助翼調高十度，就能將機翼中心壓力前移，化解高曲弧度，也減輕兩翼和尾翼負荷，保持飛航的穩定性。

一般標準的軍用飛機JP四油箱通常四個油箱分設兩側內翼，供應引擎機油箱，但是在高空大氣溫度可能低至零下七十度，擺在機翼油料保證結凍，另外也有可能在太低大氣壓力下蒸化的危險。油箱尚可經由引擎壓縮機打空氣加壓，但是機油箱則無解決辦法，萬一引擎熄火，油料結凍後續供應都成了問題。洛克希德公司特別商請殼牌石油公司發展一種特別低揮發的「輕油」供U二使用，才解決這個大難題。

U二的座艙實在是窄得讓人有壓迫感，成堆的儀表操縱把柄像是座大型運輸機的座艙，比較突出的是一個正前方的航差矯視鏡和六分儀，這個光學儀器就像是往下望的望遠鏡，

U 二座艙內最重要的航差矯視器，可供飛行員依地面地形修正航向。

U 二的油料在兩翼流竄，起降很難保持平衡。

傳統壓力衣讓人渾身不舒服，卻又是高空保命的必備用具。

狹窄的座艙一坐八、九個鐘頭，實在不好受。

「蛟龍夫人」極難駕駛，失事率偏高。

U二飛行員可以透過它來確認檢查點，也可發現下方空層凝結尾判定到底有沒有米格機的跟踪。

這個六吋寬的筒形下望鏡可以讓飛行員看清下方地形，飛行員可以透過右手邊的儀器，用手操控使下望鏡能呈三百六十度方位的轉動，也可讓它升至水平位置，以審視飛機下半身，必要時還可以將鏡頭放大四倍。這是U二最主要的飛航儀器，飛行員可以藉此隨時核對二百萬分之一航行圖修正檢查點，以確定有無偏離航道，同時也可查驗機腹的照相設備與偵測器材有無在定時定點開關。

U二偵察飛行巡航高度在六萬呎以上，已經沒有高山地形可供辨認，除了地面檢查點的檢視外，只有仰賴天文航行，氣候的變化與時間的掌握對於偵測任務的安危相當重要，稍有延誤等到氣候條件改變往往就容易出狀況，美國U二飛行員包爾斯所以在蘇聯上空被擊落，顯然跟延遲起飛造成後續作業一團忙亂有關係。

要想在高空安穩飛行減少故障，勢必得靠定速的自動導航系統，因為U二飛到六萬呎上空後，安全飛行範圍非常窄，在失速下墜與超速熄火甚至解體之間的速率差距，小到只有十節左右，快慢之間分寸極難拿捏，這也就是所謂的「棺材角」。

中華民國空軍在飛F八六、F一〇〇戰鬥機時，穩定性較夠，可是飛F一〇四的失事率卻偏高，這種高空攔截機所以有「飛行棺材」的稱號，主要是因機翼小，浮力不夠飛行安全範圍（Flying Evelope），如果飛行速度、角度、轉彎弧度越過範圍皆有可能失事，

F一〇四在西德、日本服役時失事率也相當高。

U二的機翼除了已作相當先進的設計，盡可能保持在高空飛行的浮力，但是「棺材角」的陰影始終揮之不去，這種高曲弧度雙翼的偵察機在大弧度轉彎時尤其驚險，那時內側機翼可能失速，而外翼卻已超速，要拉回正常速度可能要有幾分技巧，弄不好飛機就出狀況。

除了「棺材角」的難關無所不在外，U二在由對流層進入同溫層高度飛航，溫度的突變也是嚴重的考驗，大氣溫度一下降，空氣密度就變小，連帶的化學反應可能會使引擎燃燒速度太慢而出現熄火等問題，所以U二飛行員如果太過倚重自動導航來定速，而未能隨時修正，冷不防就會出亂子。

早期採用的U二C，在穿越對流層時，引擎對大氣溫度的轉變特別敏感，在美國本土上空特別是在三萬五千呎上空時氣溫最低，可達攝氏零下五十度左右，可是能爬升至同溫層途中溫度又開始回升，至六萬呎左右溫度已升到攝氏零下卅五度。蛟龍夫人最頭痛的問題就是對流層的高度、厚度以及溫度變化每天都不一樣，實在沒有個準頭。

二、惡劣的空層

U二C的J七十五引擎面臨這種大氣浮動變化就不太順，只要蛟龍夫人進入對流層，座艙內正規的高頻低振幅聲響就會被引擎吞吞吐吐的雜音所取代，有時就這樣莫名其妙的熄火。這種危疑的險狀就通稱為「惡劣的空層」。

洛克希德公司設計了一套過渡「惡劣空層」的操作規範，也就是在上到三萬五千呎放慢節流閥，讓離地上升的引擎排氣溫度由攝氏五百四十度降為四百八十五度，就一直保持這種低溫從四萬呎爬升到六萬呎後，再讓引擎排氣溫度升至六百度，蛟龍夫人再往上衝時，溫度更可以升至六百一十度左右，這樣在空氣稀薄的高空才能維持燃燒的穩定性。飛行員唯一要盯住的就是不要有引擎過熱的問題。

一九六四年初，「黑貓中隊」穿越台灣上空時，也發現「惡劣的空層」問題，蛟龍夫人就像見鬼一樣一再出現熄火的困擾，洛克希德公司特地派了試飛員舒馬克走一趟。舒馬克也只能建議隊員爬升到四萬呎至六萬呎之間的危險空層，油門盡量調柔和些。這類問題顯然是台灣上空對流層的低溫所引發的。

受「雷諾數效應」的影響，飛行員在極冷的日子只能放緩節流閥減低排氣溫度，後來加裝個引擎壓力比例表對照參考排氣溫度計，再把U二升降時的引擎壓力比例儀表稍加修正，通告所有飛行員參考，才使高空飛行引擎控制得以精準些，問題從此就少多了。

U二高空偵察機的油料容量不過一千三百四十五加侖，另外加掛副油箱二百加侖，長程飛行相當緊迫，如果碰到氣候狀況不佳，或是沿途情況有變，可能就無法安全返航。

黑貓中隊出勤前的戰情簡報中，後勤人員都會詳細考量蛟龍夫人的重量、沿途氣候條件和油料，幾乎把每一程油料都算計得一清二楚。如果行程沒有差錯，U二爬升到七萬呎巡航高度後，往後八個小時飛下來，大概只剩下八十五加侖油料。

幾乎所有的U二飛行員都會在油料剩到一百加侖時開始下滑；另一個必需提防的是在特定空層巡航不可超速，通常是在六萬七千呎上空維持三百九十四節速度，七萬呎上空則保持在三百九十二節，這樣速度差距不大，看似無關緊要，可是稍不注意油料消耗，最後就會有苦頭吃。

萬一出特殊任務時，U二飛行員是可以藉著飛行技巧把航程拉到極限。有一種方法是先用全速爬升到預期的高度後，再以水平飛行小心翼翼保持巡航速度。另一種就是在任務完成或是無安全顧慮的情況下，大膽降至六萬呎高度飛完全程，這樣的高度被認為是最省油的空層。這兩種飛法都能比一般正規航程還久些。

在無風的情況下，U二C從七萬五千呎高空降下大概費時廿分鐘，耗損油料卅五磅，可是頭一萬呎降得非常緩慢，也不是鼻頭朝下直降，而是放緩節流閥、變速桿和煞車系統，如此蛟龍夫人似乎還是很難下地。下滑過程中油門放到最小，可是一過頭也會有熄火的危險，卻又不能衝太快。有這麼多快慢拿捏的限制，U二碰上來頭風太強時，至少在油料剩下一百加侖前就得下滑以免出岔。

許多U二偵察機飛行員都有過油料用罄迫降的驚險鏡頭；黑貓中隊隊員有一次從泰國泰克里基地夜航中國大陸，回程時就因油料耗盡，衝進水田中，弄得蛟龍夫人滿身泥濘，後來勞動大卡車密封轉送至曼谷基地，再用專機運回美國交由「臭鼬小組」整修。

楊世駒有一次從韓國昆山基地夜探中國大陸東北重工業設施，比原定時間晚半個小時返航，美方人員估算可能已經凶多吉少，突然間蛟龍夫人在大霧中現身，油料幾已耗盡，在缺乏導航燈的情況下，緊急迫降衝出跑道，幸無大礙；事後中情局迅速撥交幾百萬美元專款，改善昆山的夜間導航設備。

三、失落的地平線

但是，並非每一位黑貓隊員都能夠在千鈞一髮之間擺脫死神的威脅。一九六六年六月廿一日，余清長少校在高空訓練飛行時，即因引擎故障失事而罹難。當時他在東海上空，正由琉球飛回桃園，原先推斷剛好可以靠滑翔飛行返航基地，可是余清長臨時起意調頭轉飛回琉球。這一轉可真要命，U二已經沒有足夠的高度滑行折回琉球。

余清長最後決定一搏，準備將U二滑翔著陸，降到一座小島上。等飛機快接近地面時，他才發現島上全是丘陵地，並不適合迫降。他到最後一刻才跳傘，可是已經太遲了，因為

U二降得太低，以致余清長沒有活命的機會。小島周圍的三艘漁船船員，都目睹了這最後的一幕。

U二偵察機早期出廠時為求減輕重量，加長飛行時數，根本沒有座椅彈射跳傘設備，空中出事時飛行員還得有餘力從容打開艙蓋逃生，出過幾次重大意外之後，這類不愛惜人命的設計飽受抨擊，才勉強加裝彈射跳傘系統。只可惜有些黑貓隊員人已彈出，命卻未能保住，令人扼腕！

一九六四年四月，黑貓中隊的梁德培少校在中國大陸外海高空訓練飛行時，轉彎不慎失控而落海；屍體後來是找到了，可是失事原因依然是謎。梁少校在U二落水前，已成功彈射出機艙，降落傘也已張開，卻不幸溺斃，據推測可能是落水太猛失去知覺。他的身上也沒有瘀傷，因此在逃生時不太可能跟機體碰撞。有一種說法是，梁少校的個子太小，可能在落水之後體力不支，致使無法游至充氣的救生筏。這種說法也未必說得通，因為位於座椅下的救生裝備內的救生筏，早已按照中國人的體型作過修正。

王政文少校在一九六五年十月廿二日一次返航中失事罹難，原因也很令人費解！

當時王政文正在台灣東北角上空完成一次一百八十度迴轉，海灘上的目擊者看見他的座機掉落水面，可是未見降落傘，從「賞鳥」監控系統紀錄器上分析，王政文可能是在朝上拉的時候，超過重力加速度，緊接著油壓亂竄，水平尾翼失去控制，導致飛機翻滾掉落而失事。

王政文的失事紀錄上，還顯示失事U二的座艙加壓消失、從六萬呎高急遽掉落到五萬呎，四萬呎時也有失速的跡象。四十秒不到，蛟龍夫人就聲息全無，有可能是飛機落海時天線已經脫落。

失事過程中看不出有飛行員彈射出座艙的跡象，也沒有跳傘前應先捨棄天篷的動作，王政文很可能是因太多的G而陷在座艙內出不來。經過大規模的海上搜索，但並無所獲，只找到兩個飛機的氧氣筒。

這一類的失事資料累積多了，就能看出U二偵察機在高空解體之時，除非飛行員一發現徵兆就跳機，否則生存機會十分渺茫。與王政文同期在美國亞利桑那州土桑基地受訓的盛世禮上尉，就因思考反應快一步，在一九六四年十二月一次訓練飛行中，一發現情況不對，就趕緊跳傘逃生；稍早，他曾在另一次訓練飛行中意外傷到了背，雖然如此出了兩次意外，盛世禮還是爭取到再駕U二上天的機會，沒想到訓練中又生波折，迫降沙漠裡送到醫院取出扎滿一身的荊棘，出院後才正式退訓。

U二偵察機在訓練飛行和執行任務的過程中失事率偏高，不全然是飛行員失誤，機體結構恐怕也是問題的關鍵。

好些蛟龍夫人也已顯露出機齡的問題。U二設計時，原先是以一次任務為考量，出勤

U二飛行員王政文失事時，幼兒王志文才出生四十天，圖爲先總統蔣公伉儷抱着王志文與王政文遺孀、岳母合攝的紀念照。（王志文提供）

頂多也是撐個兩三年，後來發現機體結構、性能都不是問題，才一用再用；而洛克希德公司和美國空軍都有專精技術人員陪同照料，但是仍免不了會出問題。

過長的飛行和不斷加重的裝備，都使蛟龍夫人不勝負荷。在越南執勤的U二偵察機就曾發現裂痕，而專家檢視兩架失事U二的殘骸，鑑定後發現可能機身結構出了問題。

這些問題一直到一九六六年初才發現；起先大家都以為是飛行員的誤失，認為是飛行員拉得太高，或飛得太快，後來機身連續發現裂痕，又查出結構有問題之後，就不能不謹慎面對。當U二上天飛滿廿四小時，就得仔細檢查一次，洛克希德公司也提出修護保養的方案，然而問題還是沒有完全解決。

除了金屬疲乏等一些機身結構的問題之外，U二偵察機的儀器在長程飛行中難免出問題，其中又以自動導航系統失誤的影響最大。

U二偵察機上的里耳自動導航裝備，到了黑貓中隊出任務時已改為較先進的機型，但是仍難敵大自然的挑戰。自動導航主要就是設定蛟龍夫人的行進速度，而U二的巡航速度卻受制於大氣溫度，一丁點的改變，影響都很大，有時一分鐘不到，飛行角度就可能偏差到十五度。

這樣一來自動導航系統一下子把鼻頭拉下、調上，突然間飛機直往下衝，沒多久又轉向另一邊，這樣反反覆覆全是為了恆定地追逐馬赫數，自然有其方便之處，可是一出問題也只有認栽！

黑貓中隊最後一次的「穿幕之旅」就是栽在自動導航系統上面。那是一九六九年一月五日，張燮中校駕駛U二從韓國昆山基地出發，開始中國大陸偵測飛行，可能突然受到東北上空冷氣團的影響，自動導航失效造成U二飛到五萬五千呎後突然下墜，張燮一時失控，匆忙跳傘落到黃海卻未能逃過劫難。韓國漁民稍後在海面發現他的遺骸，壓力衣已經被咬得稀爛，沙魚幾乎啃噬整個身子，現場慘不忍睹。

不過最慘的還是落地失控瞬間為一團火球所吞噬。U二的落地一直是中華民國飛行員的難題。這種高空偵察機的油料，可以在兩翼之間流動，所以保持油料平衡攸關飛機安全，但黑貓中隊員一旦準備進場降落，就很難維持油料平衡；雖然他們用盡心思學習，可是總在落地前幾公尺出岔，導致飛機在跑道上失速。

洛克希德公司因此建議在機翼上加裝防止失速的參考線，以調整失速問題，可是這樣一來又引出其他問題，因為飛行員很難在一定高度分辨是否會失速。最後他們總算找到變通的調整辦法，在飛機準備降落前，飛行員先拉右膝旁的T型拉把，延伸防止失速參考線半吋。如此一來，就可以幫助駕駛在落地關鍵時刻，力保機翼穩定，可是意外依舊難免，桃園基地至少就曾發生三起失速墜毀事件，也有許多次落地是瀕臨機毀人亡的邊緣。

就在陳懷生座機在南昌上空被擊落前，同是第一批完訓的隊員郗耀華就在一九六一年三月十九日一次夜間起降練習中彈起而失掉控制，左右激烈搖擺後翻了一個大觔斗，爆出一團火球。

U二偵察機最慘重的一次訓練失事發生在吳載熙少校身上。當時他正在台灣上空從事訓練飛行，發現引擎過熱警告，趕緊關掉引擎，卻因雲層太厚迫降困難，迫不得已轉飛台中清泉崗基地，那裡有很長的跑道，也是桃園的替換基地。可是等吳載熙飛臨清泉崗時，又從雲洞中發現較近的水湳機場，他迫不及待趕緊降落，未料機場跑道太短，而且U二落地太重，半途彈起偏離跑道，越過壕溝衝進一處民房，猛然爆炸起火，結果除了飛行員喪生外，還有五個平民不幸罹難。

偵察飛行單位自從一九六八年引進新型的U二R，同時停止中國大陸內陸偵察飛行以來，只有在一九七〇年秋季發生過一次致命的意外。

當時黃七賢少校所駕的U二R在桃園基地降落時意外彈起，他想重新拉起，飛機卻衝向另一邊跑道，翻個觔斗後陷入爛泥中。這次意外發生沒多久，美國中情局和中華民國空軍的合作關係也告一段落。

這場慘重的失事災難，使桃園黑貓中隊罹難及失踪的人數增至十位，廿七名完訓的隊員中只有十七人圓滿達成任務而得以功成身退。

他們不畏艱難的犧牲，不僅讓中美雙方高層決策人士充分掌握中國大陸核子發展與軍事部署動態，對陷入越戰泥淖的美軍作戰，也有實質的幫助。

一九六六年中期，越戰打得正激烈，河內共黨政權的米格機與美軍戰鬥機的遭遇戰無日無之。那一年年底，已偵測出的北越地面薩姆二式飛彈基地竟然高達一百七十處，這些遍布全境的飛彈基地還移動調防，令美軍戰機難以捉摸；從此，一場大規模的「貓捉老鼠」空中電子遊戲開場了，先是由「黃鼠狼」戰鬥機攜帶百舌鳥空對地飛彈，搜尋摧毀地面的薩姆飛彈基地，接下來，F四幽靈式戰機和F一〇五升空，也需要電子反制配備，以防隨時遭到薩姆飛彈毒手。然而美國戰鬥機飛行員或許不知道他們所以能在北越上空免遭毒手，靠的是蛟龍夫人身先士卒立下的汗馬功勞。

蛟龍夫人每次成功迴避飛彈截擊安全返航後，飛行紀錄器中即自動錄下了敵方飛彈射控資料。早期越南戰場上反制薩姆飛彈的電子配備，其性能的改良，正是靠著U二偵察機在中國大陸上空偵測飛行累積的教訓，才能理出一套空中解厄求生的應變方式。

第五章　高空電子反制大戰

一、五四三部隊

U二長程偵測飛行的油料容量相當緊，使得桃園黑貓中隊隊員初期出勤時，無法配備到一般U二內陸飛行應有的電子器材，以用來躲避敵人雷達追踪，或是讓對方空防管制站多費些心思才能確認目標。但由於蛟龍夫人的「穿幕之旅」來自薩姆二式地對空飛彈的威脅日增，美國才開始利用電子戰方面的優勢，逐步研製了新的電子反制配備，使蛟龍夫人多次避開地對空導彈的截擊。

中共航天工業部與空軍地對空導彈部隊，後來也針對U二偵察機「告警加快機動」的規避手段，抓住了蛟龍夫人機動能力有限的弱點，詳細解析而制訂了新的作戰方案，並研製成功「反電子預警一號」反制U二偵察機的電子干擾設備。

蛟龍夫人幾次失足之後，迫使美國研製更先進的干擾系統，促使電子戰升級，中共有關單位還成立抗電子干擾研究小組，對可能的干擾系統作了詳細的研析，並從遭擊落的U二飛機殘骸中找出了電子預警配備，破譯了預警配備的技術參數，再針對各種雜波干擾、消極干擾和通訊干擾進行測試，著手改進了地對空飛彈的抗干擾性能，雙方展開一場拉鋸式的電子戰，也可以說是首開世界電子反制戰的先河①。

目前擔任華航波音七四七駕駛的前U二飛行員范鴻棣認為，U二若毫無配備暴露在中共防空系統之下，失事率可能高達百分之九十，電子反制配備可將危險機率降至百分之六十五，另外再加上黑貓中隊隊員本身機敏的閃避動作，才能使出事率壓低在百分之卅五左右。一九五七年十二月就開始「穿幕」的RB五十七偵察機所以在短短三年內人機折損慘重，主要就是因為沒有配置電子反制裝備。

早期的RB五十七A偵察機飛行高度在五萬呎左右，稍有不慎就成了米格機群的獵物。一九五八年二月十八日，空軍第六大隊的趙廣華在青島上空被擊落，據推斷可能就是因為太早降下，遭到中共海軍航空兵米格十九的狙擊，同時也結束B五十七轟炸機改裝而成偵察機的穿幕行動。

一九五九年初，美國稍後又提供改良後的RB五十七D給桃園基地，機身重量裁掉一些，飛行高度也增加了一萬呎，已經超越了米格十九所能攔截的空層，中共出動了二百零二架次戰機升空，其中有一〇六架次盯上了目標，米格戰機長期在低空「守株待兔」終有所獲。第六大隊的張育保和金懋昌還是分別在台灣海峽和福建上空被擊落。

就在RB五十七D相繼失事的同時，中美有關U二高空偵察合作計畫業已展開，楊世駒等六位第一批選訓飛行員也正在美國與墨西哥交界的空軍基地受訓。另一方面，中共也在著手準備部署天網，圍捕這些穿越領空如入無人之境的高空間諜飛機。

中國大陸的防空系統幾乎承襲自蘇聯。中共空軍地空導彈兵第一營在一九五八年九月間成立，隨後就前往東北接收五套蘇聯製薩姆二式飛彈發射台，導彈六十二發；中共還成立導彈專業學校，研習射控技術，還由北京、南京軍區高炮團抽調精英組成二營、三營，加上原先的一營組成一支代號叫「五四三」的地空導彈部隊。五〇年代末到六〇年代中期，四處機動遊走埋伏剋制黑貓中隊主要就靠這三個營②。

早期中共防空系統還沒有那麼靈光，桃園起飛的高飛偵察機就比較能在中國大陸上空自在穿梭，有時特地選在「十．一」偽慶前後到北平騷擾，在天安門閱兵時掠過上空，空投一些傳單，讓中共覺得尷尬。

一九五九年中共十周年偽慶前夕，中共就將改裝訓練才四個月的地空導彈部隊投入首度防空戰，以天安門為中心進行部署，負責半徑一百卅公里的防空任務。五個導彈營在九月五日就分別進入陣地，除了原先成立的三個營外，四營是國防科委會管轄的試驗營，五營是為了偽慶戰備值班從前三營抽調出來的臨時建制。這樣子五套薩姆二式飛彈全部上陣。

十月七日上午九時卅分左右，第六大隊上尉飛官王英欽駕著編號五六四三的RB五十七D由桃園起飛，離台北以北五十公里上空即已被中共福建前線雷達兵所發現，王英欽選擇由浙江溫嶺上空穿幕向北平進發，下方空層的米格戰機群不斷地換班跟梢。

十一時卅分，部署在北平地區四周的五個地空導彈營的目標指示雷達相繼發現目標，已接電待發的導彈與導彈射控雷達亦已鎖定目標；米格戰鬥機於是退出追逐以免遭到誤傷。

二十分鐘後，埋伏在近郊通縣的導彈二營打開制導雷達，螢光幕上顯現出一顆米粒般亮點。三枚薩姆二式飛彈連續發射，在北平東南方上空出現三聲巨響。王英欽隨著座機殘骸墜落通縣東南十八公里外的何西務村農田裡，機頭插入田裡，尾翼高翹，中共草創的導彈部隊首創的戰績，也是世界防空作戰史上第一次用地對空飛彈擊落敵機。

RB五十七D偵察機從此也撤出了桃園基地，準備改由蛟龍夫人接班，沒想到一九六〇年五月間，美籍飛行員包爾斯在蘇聯上空被擊落，中美合作的U二高空偵察也擱置半年，以免橫生枝節。後來楊世駒等人重回美國溫習飛行技巧，蛟龍夫人的「穿幕之旅」總算在一九六一年正式展開。

U二偵察機不祗比RB五十七飛得高，而且續航力也強，可以持續八、九小時偵察飛行，活動半徑幾乎涵蓋整個中國大陸九百六十萬平方公里的大地，而中共地對空導彈營攔截面半徑總達廿五公里，用三個營的兵力來對付U二，真如大海撈針。

中共人民解放軍總參謀長羅瑞卿召集空防系統領導多次會商，仔細研判U二「穿幕之旅」的行進航路後，決議將三個地對空導彈營撤離北平，改在南方佈局，以「打井隊」名義進行獵殺蛟龍夫人的行動。

經過泛豐長程戰管雷達盯梢的航路分析，U二在一九六二年上半年十一次偵測飛行，有八次經過南昌，推估南昌應是航圖中重要的檢查點。五四三部隊第二營於是進駐南昌外圍向塘新陣地，在兩座小山谷之間安置導彈雷達，發射器則撐在兩邊山坡上，等待U二上網。

二、用竹竿捅下來的！

一九六二年到六三年間，桃園黑貓中隊每月平均出三次任務，通常是沿海地區有米格換防移動，蛟龍夫人總會上天跑一趟。中共也摸清楚這點門路，所以在地對空導彈營「捕雀」行動就緒之後，就抛出了飛餌。

中共人民解放軍參謀團發出調遣令，一大隊的輕轟炸機於九月七日由南京移防到南昌，次日又有一架轟炸機以三萬呎高度越過南昌南飛。這兩個假動作，中情局與中華民國空軍情報署果然有了回應③。

九月八日那天，楊世駒奉命出勤，由桃園基地起飛往南先飛昆明，再轉往南寧、桂林、南昌、西安、上海偵照沿線軍事部署動態。南昌當然是此行任務的重點。沒想到油路系統臨時有問題，飛到桂林就被桃園指揮部召回。

當時五四三部隊二營的指戰員十分納悶，為何這一架U二飛機竄擾廣東後，七拐八彎地劃下一串莫名其妙的弧形，隨後突然一百八十度急轉，掠過廣州市區便「逃之夭夭」。他們不知道楊世駒是因為臨時油路出問題，才沒有續往南昌飛上死亡之路。

楊世駒說，陳懷生出事的那次任務，其實可以說是接他的班而出事。九月九日清晨六時，蛟龍夫人自桃園基地起飛，自福建平潭上空開始穿幕，經福州，沿鷹廈鐵路，過順昌、光澤向江西境內飛去。此次第二營已經採取一級戰備待命。

但U二飛臨南昌以東七十公里處卻掉轉機頭往北飛，避開了第二營埋伏的陷阱，未料蛟龍夫人飛過鄱陽湖、九江、抵河北省境內後，又突然左轉一百八十度回頭，直奔南昌而來。八時卅二分，向塘新陣地三枚導彈終於升空，步入死亡陷阱的蛟龍夫人飽受三千六百塊彈片割裂，重創自高空墜落，掉在南昌市東南十八公里羅家集的稻田裡，機體被彈片轟擊如蜂窩，陳懷生卡在座艙內仍有呼吸，經送醫急救無效，成為黑貓中隊第一位出任務為

U 二裝備有許多套電子反制儀器(上圖),卻仍難逃薩姆二式飛彈截殺。

中共當年公開展示遭擊落的U二偵察機，其中一架至今留在北平軍事博物館內長期展出。

國殉難的隊員。

就在陳懷生的座機失事前十天，美軍也有一架U二偵察機從韓國昆山基地起飛，從事電子偵測飛行在蘇聯庫頁島上空「迷航」，再度引起蘇聯嚴重抗議，包爾斯的陰影再度浮現。中共特地在北京動員一場萬人群眾大會，當時國務院總理周恩來頗為自負地說：「U二前幾天入侵蘇聯，他們只是提出警告，而我們的空軍卻把這種飛機打掉了！」

五四三部隊二營營長岳振華帶著U二殘骸上的簡便機件，匆匆地趕赴北京，在中南海懷仁堂向毛澤東和九位元帥以及所有政治局委員作了匯報。新華社也發了一則擊落U二偵察機的消息，但並未透露是用薩姆二式地對空飛彈擊落，毛澤東還曾得意洋洋地告訴來訪外國政要：U二是被竹竿捅下來的。

中共也的確有值得得意之處。這批拼湊成軍的地對空導彈部隊是抱著「土法煉鋼」的方式，來對付當時世界最先進的高空偵察機。後來當選人民解放軍「英雄營」的二營長岳振華只唸過三年私塾，本來是中共空軍高炮團團長，面對的是世界尖端科技的結晶——地對空飛彈。

花不到半年的時間，岳振華已經成為這方面的射控高手。五四三部隊第一批接手人馬就在草創的「導彈學院」學習，壓倒一切的任務就是夜以繼日地學習，相關化學方程、數學公式、物理定律一古腦兒沒命地咀嚼，就這樣摸索出一點竅門。

那一陣子，中共流年不利，真的也需要靠擊落U二、聲討「美帝」來提振一下內部士氣。主要是在一九六〇年八月，中共與蘇聯關係公開破裂，蘇方撕毀所有合同，撤走所有專家，卻又碰上中共「超英趕美」不成，「大躍進」失敗，集體農場式人民公社破產，再加上連續三年自然大災害，流年不利，真的是很怕台灣國民黨政府趁機「反攻大陸」。所以U二高空偵察機飛進飛出，給中共領導人的心理帶來莫大的壓力。

沒有蘇聯老大哥的技術支援，中國大陸的飛彈武器研製工程嚴重受阻。庫存六十二枚導彈打一枚少一枚，後補無源，射控雷達、指揮系統的配件壞一個少一個……。

更何況，中共在U二穿幕初期也沒有所謂的「電子預警」這個概念。中共國防科委會電子研究所曾在檢視陳懷生U二座機殘骸時，發現蛟龍夫人尾翼藏有薩姆二式飛彈指揮引導雷達頻訊號。滿腹狐疑的中共電子專家並不清楚U二機上已經配備了第一代電子預警系統，可以偵知遭薩姆飛彈射控雷達鎖定的訊號。

中共空防系統並非省油的燈。它的追蹤雷達性能可能比台灣要強，台灣雷達的精敏度不夠，一直拖到一九六二年下半年，加裝了一套「敵我識別通訊系統」之後，台灣雷達才比較能確認「蛟龍夫人」的身分。

中共泛豐雷達可以三百六十度長程掃描追踪目標，長程搜索使用的是低脈波來復率，一旦目標確認之後，就另行開一扇「電子窗」，以便能同時釘牢目標和飛彈。只要目標物進入射程範圍，脈波來復率就會增加，追踪目標更準。

好在U二機上配備有十二號系統，在一百六十公里外，就能截收低脈波來復率訊號，示警的白色燈號馬上就閃個不停，儀表也會點出飛彈基地的大致方向，這套示警系統讓飛行員有了充裕的時間迴避。如果飛行員不顧警告冒進，高脈波來復率燈號就會轉紅，顯示地面飛彈即將升空，同時耳機也會傳送尖銳的雜音示警。

一九六三年三月廿八日，黑貓中隊龍頭楊世駒由韓國昆山基地起飛，直闖大陸西北偵照包頭、蘭州核能設施，護衛蘭州氣體擴散工場的導彈第四營直屬中共國防科學委員會管制，防衛方式比較有創新試驗的性質，可是等地面導彈部隊引導雷達一開機，U二座艙內十二號系統就會示警，蛟龍夫人總是能夠擺脫圈套。

另一架U二偵察機在六月三日清晨穿幕，進入蘭州目標區上空時，第四營曾有兩次鎖定射控雷達準備發射飛彈，蛟龍夫人卻以一百八十度迴轉機動閃過，完成三百六十度盤旋，留下一個粗黑的倒「8」後溜走了。一連幾次讓蛟龍夫人臨陣脫逃的挫折經驗，中共終於確信中情局已竊取了共軍防空制導雷達的頻率，那時中共尚無電子預警的概念，粗略地稱它為「能偵察我導彈陣地的玩意兒」。

楊世駒回憶說，黑貓中隊出任務那一陣子，只要隔個半年沒有U二落入中共佈下的天網，對岸就會焦躁不安地研究對策。兩度失利的地空導彈部隊在上級參謀團的多次檢討下，又將四個導彈營統一部署，以集團設伏的方式增加攔截正面，卻還是缺乏臨門一腳，功虧一簣。

九月廿五日，葉常棣少校所駕的U二偵察機再度穿幕，雖如預期飛入四個營埋伏的關卡，卻在驚險萬狀中從布袋陷阱再度閃避成功，從蘭州、西寧、酒泉、銀川、延安、信陽航線安然出海返回桃園基地。

蛟龍夫人真的無懈可擊了嗎？經過這幾回的交戰，中共地空導彈部隊發現，U二通常總是在地面制導雷達打開十八秒內開始機動規避，地空導彈營必須充分利用這段時間，最好在十秒左右做完一系列動作，這樣射控雷達要在四十公里左右開機才行。

按照蘇聯薩姆二式飛彈的作戰指令，打開制導雷達天線在一百公里開外，做完制導天線雷達到發射等一切射控動作要七、八分鐘，一百卅五公里和四十公里，八分鐘和十秒鐘，實在是一段差距。

三、快戰法

經過五十幾次的實戰演習後，這套「快戰法」日趨成熟；同時中共分析U二偵察路線，又把四個地空導彈營集中部署在江西、浙江兩省的弋陽、上饒、江山、衢州，由西南延伸到東北，拉開了一道長達一百六十公里的正面攔截火力網，導彈第二營於十月廿九日夜晚進駐上饒東南越家凹村陣地，在油菜田裡架起了導彈發射系統。

中共空軍副司令員成鈞稍後趕到上饒召集作戰會議，四個地空導彈營指揮班長、營長和政委都到會，決定統一部署大攔截火力網，不許貪功，各營一律在卅七公里以內才可打開射控雷達。

一九六三年十一月一日，葉常棣少校所駕駛的U二偵察機由桃園起飛，上午七時四十三分又從溫州進入大陸飛向西北核試基地，近中午U二機返航東飛，一過潼關，部署在華東的四個導彈營立即進入戰備，上繞陣地的第二營，由戰管雷達上一直等到U二機飛近卅五公里範圍，才下達開啟導彈射控雷達的命令。

說時遲、那時快，在八秒鐘內，中共新創的「快戰法」又把三枚地空導彈射向高空，U二機雖慢了一步，但仍猛向右大坡度轉彎，第一枚導彈雖也猛跟右轉，但在大G力中卻於高空解體，但第二枚導彈及時趕上，一口咬住U二機，巨響中，U二機解體落地。

葉常棣在座機中彈後彈離座艙跳傘，他的壓力衣已經被彈片割裂得四處是洞，手臂、雙腿附著的彈片多達六十餘片。所幸他落在上饒附近的一個小山丘上，中共民兵迅即趕到，他成了第一位遭到生俘的黑貓隊員。

事後葉常棣接受中共偵訊時，描述了蛟龍夫人在「快戰法」中落難的經過：「當時，我已經看到海岸，滿以為完成了任務，正準備出海下滑，突然聽到轟的一聲巨響，自己被甩出飛機，失去了知覺，大約在空中飄了兩三分鐘，等我醒來了才打開降落傘……」

中共對生俘葉常棣一直保密，除了從他口中得知U二偵察機例行出任務的機密外，最大的收穫卻是在U二機腹殘骸下發現一個新天線，並找到了名為「十二號系統」的電子預警裝備，顯然葉常棣在座機被命中，並沒有機會按下機裡裝備自毀鈕。

航天工業部和國防委員會電子研究所等單位組成的「抗干擾研究小組」將U二上這一套「十二號系統」安裝在伊爾十二型飛機上操作實驗，只要收得導彈雷達照射訊號，在導彈陣地六十公里外「十二號系統」會亮起省油燈警告飛行員，六十公里以內則會亮紅燈指示飛行員盡速脫離，並配合有高頻尖叫聲示警。

中共電子專家弄清楚了「十二號系統」的功能，想出了以重複頻率的反制方法，以假頻率跟蹤敵機，「十二號系統」不會有反應，等發射導彈時，再改用真頻率導引導彈，這時「十二號系統」雖會反應，但已來不及了，中共將這種重複頻率電子反制系統稱為「反電子預警一號」。中共號稱我方空軍「頭號王牌」李南屏就是栽在這套「反電子預警一號」上面。

一九六四年開始，桃園黑貓中隊偵察任務大概兵分二路，一是緊盯西北包頭、蘭州、新疆羅布泊的核子設施與長程飛彈基地，另外就是配合越戰情勢的升高，偵測中越邊境的軍事運補動態，美方急於瞭解中共投入支援的程度，以防韓戰期間的「抗美援朝」再現。

這樣一來，中共地空導彈營自然也是分開二路部署。一九六四年五月，四處追逐蛟龍夫人的第二營，奉命由內蒙古土默特旗陣地，趕往福建漳州設伏，沒想到又立了一個大戰功。

當時雙方不僅已開始「道高一尺，魔高一丈」的電子反制鬥法，平常空軍出擊的欺敵招式更是家常便飯。蛟龍夫人離地升空時，常有隊友伴攻掩護，有時也勞動六大隊RF一〇一低空戰術偵察機夥同放「煙幕彈」，不過通常U二只要飛上四萬呎上空，最終還是難逃中共前線戰管雷達的監管。

一九六四年七月七日上午，桃園基地同時有兩架U二起飛，一架飛向東北，另一架由上海附近切進大陸，而中共敵後情報指出中午時分另將有超音速RF一〇一戰術偵察機將飛進大陸進行騷擾戰術。

中共地空導彈第二營設伏漳州，但僅有四枚導彈，中午十二時零八分，雷達果然發現RF一〇一出現，沿南澳、東山、古雷頭一帶海邊擦飛而過，上午十時起至此，第二營導彈已三次接電準備射擊，但三架偵察機兩高一低，三批侵入，南北伴飛，使中共舉棋不定。

中午十二時十五分，從北飛的U二由龍田出海返航，兩分鐘後南飛的U二也自汕頭出海，RF一〇一則已不見蹤影，但漳州、福州部署的中共導彈營仍不敢鬆懈。出海再回頭，也是黑貓中隊常玩的戲法。

四、「頭號王牌」的殞落

真正主攻的李南屏少校這一趟長程任務，在廣東、廣西上空打轉偵測中共軍援北越的補給情況，以評估這類援助對美國支持的西貢政權之威脅。

李南屏所駕的U二是先從海南島北方切進中國大陸，轉向中越邊城崇左，那裡也是通往河內鐵路幹道的必經之地。接著，李南屏再往東北飛，順著鐵公路到衡陽，再來一個大轉彎，改飛東南向香港逼近。

就在迫近香港之前，李南屏又倒轉飛向東北，如此，機上的巨型照相機就全部打開，拍些海峽對岸軍事部署的動態。

眼看著就要圓滿達成這趟內陸偵測飛行任務，U二祇要飛過金門料羅灣上空，再高飛過桃園，就可以定位飛返庫比角基地了，一切似乎平安無事；然而，中共的米格機群正在下面跟著，從幾條長凝雲來看，就可以看出來已跟得很久了。還好U二飛得很順，飛行員無須擔心會熄火提早下降而遭到截擊。

就在李南屏飛近汕頭時，機艙的「十二號系統」首度發出警告；突然間，機艙儀表上顯示薩姆二式飛彈已經發射的高頻重複脈波燈號急閃不停，緊接著庫比角和桃園的指揮塔都收到李南屏的驚呼：「十二號高頻燈亮起！」連喊了三聲後，U二偵察機就從空中消失。

這是塔台最後所接收的訊息，李南屏幾乎是在返抵黑貓中隊的家門前被擊落的。南台灣的地面雷達當時掃描到汕頭外海有目標下墜，顯然那就是李南屏失事座機的殘骸，於是台灣方面趕緊展開有史以來最大膽的海空大搜索，希望李南屏能從殘骸中跳脫逃生，結果令人大失所望。次日清晨，北平的廣播又在誇耀戰果——又有一架U二偵察機被打下來。

就在收到飛彈來襲的警號之後，李南屏也曾先行降轉迴避，但由於起動太慢，接下來的逃脫速度很有可能已超出「馬赫數」而出意外；很顯然，這套逃生技巧已不足以擺脫地對空飛彈的追殺。

「十二號系統」的警告晚了，在卅二公里外，U二機雖以卅度大坡度轉彎迴避，但仍在三枚導彈爆炸硝煙裡墜毀，殘骸落在漳州東南七公里的紅樹林。

U二機飛行員於座艙內殉職，無任何身分證明文件，但手指上有一枚刻著「葉秋英」名字的金戒指，中共詢問被俘的葉常棣，葉常棣立即說：「你們把李南屏打下來了！」葉秋英是李南屏的妻子。

五四三部隊第二營可真算得上是黑貓中隊的剋星，先後有王英欽、陳懷生、葉常棣遭到毒手，在打下我方空軍「頭號王牌」李南屏之後，全營開拔前往北平慶功，被中共當局授予「英雄營」，營長岳振華也當選為戰鬥英雄，由毛澤東接見嘉許。

蛟龍夫人接二連三遇襲，地勤準備工作也就格外重要。

葉常棣（後列右二）、李南屏（前列右二）所駕U二分別遭到擊落，令昔日同袍至為惋惜。

U二正在桃園基地整補，待命出擊，左方軍用吉普車的黑貓標誌清晰可見。

桃園黑貓中隊指揮所在反覆研究幾次蛟龍夫人失足的經過後，推斷中共已演練出一套有效的「快戰法」，另外也有可能已找到反制九號系統和十二號系統的辦法，蛟龍夫人勢必得再加添一些防身配備。

一九六四年九月，黑貓中隊首度接收一套新的電子反制設備，組合成所謂的「十三號系統」，這套欺敵的電子系統本來是裝在美國海軍A三「空中戰士」機上，沒有一般戰鬥機電子、干擾儀器體積那麼龐大，可是還是擺不進U二駕駛艙，只能吊掛在機翼上。

多掛這樣一套電子反制設備，相對地就得減損兩百加侖油料，還好洛克希德公司專治U二疑難雜症的「臭鼬小組」找出了解決方案，他們在兩翼略作調整，電子反制器材上機拖累油料的難關總算克服了。

全自動的「十三號系統」，只要截收到泛豐雷達的訊號，就開始轉送錯誤的訊號，誤導飛彈的追踪雷達系統，變造U二的航向、高度、速度，讓薩姆二式飛彈追踪不著，跟踪到另一個錯誤方位。

「十三號系統」電子干擾裝備，本來是擺在B五十二轟炸機上的，後來古巴飛彈危機發生，洛克希德公司應美國空軍要求，將它稍作修正，裝在經常偵測古巴領空的U二飛機上，不過測試過程尚未完成，古巴飛彈危機即已結束，所以這應是「十三號系統」首度派上用場。

U二偵測飛行停了一陣子後再度出擊，「十三號系統」很快就證明的確值得。

U二偵察機的增添配備所採用的「技術命令修正」，並非在生產時就已考慮進去，而是根據偵察任務所遭遇的危險狀況隨時「修正」增添配備，早期美方基於蛟龍夫人高飛的特性，並不在電子預警上多費心，也是包爾斯遭擊落的原因之一。後來黑貓中隊開始進行中國大陸的「穿幕之旅」，美方多少也低估了中共防空系統的能力，總是試驗性地碰到狀況再想破解辦法。

美方所以遲至一九六四年九月才加進「十三號系統」電子反制系統，除了對中共應對措施未能完全掌握外，主要還是中共核子試爆日期愈來愈近，情報蒐集極為迫切，最好能減少出紕漏的機會，中情局才會想盡辦法弄一套「十三號系統」。

中共到底怎麼弄到足夠核爆用的高濃縮原料？是不是他們早在中蘇決裂之前，就已開始囤積同位素，或者是蘭州的氣化擴散場的分離生產作業已進入緊鑼密鼓的階段？推敲之下，後者最有可能，這也是最令人擔憂的一點。

這座氣化工場如果已開始運轉，就意謂著中共可以儲存一定數額的核子原料；不單是能生產高濃縮的鈾二三五，也可以運用以低濃縮鈾作燃料生產核子武器用的鈽。這正是藉核子反應器生產高品質分裂原料的最有效方式，也是美國人早在廿年前就已採行的方式。中共製造鈾二三五的現有技術，還比此更進一步，可以很快就具製造氫的能力，發展氫彈也不是問題。

位於蘭州的擴散場也就成為偵測目標，而鄰近的包頭也有一座反應器，也被認定是製造鈽的主要工廠。到底這套設備的生產能力如何？U二指揮總部決定一探究竟，遂給U二裝備紅外線夜間攝影設備。這套德州工藝產品精密異常，中情局以美國本土核能原料場生產基準，先設定夜間偵測的參考資料，再將U二拍回來的照片資料作比對，很快就能推估中共核能原料的生產量。

蘭州、包頭都位於黃河流域，距台灣來回近三千一百公里，自從U二加了一些電子輔助器材後，這似乎就已是U二所能飛的最遠距離，也幾乎已到了飛行高度的極限。

夜間紅外線攝影器材很快地運到桃園，當時是一九六四年十一月初，中情局經常派駐兩架U二在台灣出任務，且首要目標是蘭州，王錫爵少校拔得頭籌。那時王錫爵飛U二才滿一年，夜裡起飛後就設定向西北方向進發，飛了三個小時就因儀器故障而折返。

電力系統失靈的後果，使駕駛艙儀表燈全部熄滅，只留一盞小燈判讀領航圖，他費了九牛二虎之力才有驚無險地返航，可是卻暴露了U二的夜間行踪，「蛟龍夫人」已被中共雷達釘上；中共從此曉得U二還可以夜間出擊，總得想點辦法來對付它。

接下來輪到張立義少校飛。他算是黑貓中隊的新手，七月才完訓入隊。此時此刻的目標也是包頭，只可惜出師不利，在穿幕之前例行測試防身用電子儀器，十三號系統竟然不靈，任務只好取消，中共的防空系統也就多了一道警覺。

五、救命的十三號系統

沒隔幾天，王錫爵又出任務飛一趟蘭州，他先向南飛好幾百公里，再穿幕直逼西北，想藉此騙過地面雷達。這套欺敵策略看來不錯，一路無阻地飛進目標區五十公里內，然而薩姆飛彈預警器突然亮起，顯示蘭州核能設施周圍已部署了飛彈對準「蛟龍夫人」。

幾乎就在同時，十三號系統的電子反制裝備也開始示警，「蛟龍夫人」正準備轉身逃逸，突然一道閃亮的光芒幾乎刺得王錫爵眼睛張不開，往上望去正是薩姆二式飛彈推進器冒出的火焰，還好它沒在四周炸開來。驚魂甫定的王錫爵趕緊設定自動航向儀返航，曙光乍現時，終於在桃園落地，他才鬆了口氣。

紅外線攝影沖出來的照片顯示，地面至少發射三枚薩姆二式飛彈，所幸十三號系統救了王錫爵一命。

飛彈近在咫尺，而目標區又如此遙遠。桃園美軍飛航指揮官回美國U二偵察總部一趟，總算找到另一個變通的辦法，那就是由韓國美軍基地起飛，它涵蓋的包頭與蘭州的航程幾乎相同，照應目標較方便。桃園黑貓中隊基地的情緒因此一下子高昂起來，誰都想知道到底「中籤者」是何許人。結果選上了張立義，王錫爵則列為候補。

十二月初某一個清晨，王錫爵和張立義各自由一批美籍地勤人員陪同，搭上C一三〇飛往韓國群山基地。「蛟龍夫人」則是按慣例，由美國飛行員摸黑飛過去。先頭部隊到了之後，突然有了緊急狀況，張立義胃痛不能飛，改由王錫爵代替。

「蛟龍夫人」稍後於夜裡八時抵達，加滿油就停在老遠跑道待命。中情局飛行員駕U二飛韓國途中，航行高度一直保持在四萬呎上下，讓中共雷達誤以為那是一架民航機，而不是一架高飛的間諜機。

等了三個鐘頭，U二偵察機帶著J七五引擎發出的隆隆巨響上天。廿分鐘之後，「蛟龍夫人」又一次折返基地，原因是十三號系統失靈。王錫爵調好航向，順著大陸沿海飛回桃園。失望的地勤人員則又是原班搭C一三〇運輸機返航。

一九六五年一月八日，天候條件正適合出任務。這一趟是執行一項「A計畫」，由王錫爵駕駛，由桃園直飛蘭州，出人意料的是，沿途十分平順，沒碰上薩姆飛彈，機器狀況也正常。

王錫爵飛往蘭州時先拍了幾幀黃河上的一處工業中心，該地由於中共全力發展核能工業，近年來已從一個小鎮急速擴張成為工業城。夜間紅外線攝影機在該地拍到了一些珍貴資料，而且安全返航，接下來就是包頭上空的偵測任務。

這次輪到張立義出征。一九六五年一月十日剛入夜，「蛟龍夫人」往北飛越東海、黃海，八點半左右從青島上空進入大陸。守在桃園的中情局地勤人員稍後就追不到U二「賞鳥」電子儀器發出的信號，高頻通訊入夜後接收狀況極差，最後還是失去踪影。借助台灣方面監聽大陸防空系統所獲得的資料發現，張立義的座機穿幕之後，中共雷達早就鎖定「蛟龍夫人」，在它飛到北平南方三百公里左右，戰管追踪就停止了，五分鐘後中共就宣布解除防空警報。

經過漫漫長夜的苦等，北平清晨廣播宣布又擊落一架U二，機上的紅外線攝影裝備和第四次出任務的張立義終未能逃過一劫。

岳振華的第二營「英雄營」在擊落李南屏之後，就再也沒有那麼好的「手氣」，改由第一營以「地質勘探隊」名義掩護，到內蒙薩拉齊廿四頃地村埋伏，等著再創佳績。中共電子干擾研究小組還針對U二的電子反制配備，加配了新型「反電子預警二號」反反制裝備。

在七萬呎高空，張立義並沒有收到「十二號系統」的預警報告，他當然不知道在地面干擾之下，十二號系統已經失靈。張立義正在猶豫要不要開十三號系統，一串火球已經竄到機翼下方，他在爆炸聲中拉開了自動彈射裝置，然後失去知覺。張立義從座艙彈出來以後，落在及膝雪地裡，整整爬了八小時到了鄰近沙海子公社才獲救。

中共檢視張立義座機殘骸，在左機翼找到了原以為是副油箱的「十三號系統」，蛟龍夫人遭擊中時，彈片切斷了自動引爆「十三號系統」的導線，也使中共拿到了完整的「十三號系統」，對破解未來U二偵察機的電子反制助益甚大。

至此，中共已經打下了四架U二偵察機，而在中國大陸南方上空遭擊落的無人偵察機更不計其數；這些無人偵察機係隸屬駐越美軍四〇八〇航空支隊。對於擊落的U二，中共十分費心地把它的殘骸拼湊成形，次年八月就在北平人民軍事博物館公開展示，並把這些照片送到世界各國。這也再次證實U二不管飛得怎麼高仍難逃毒手，而且落地殘骸並沒有碎裂太厲害，體積還相當大；儘管拼湊的機身某些組件已在失事後散失，整個組合還是看得出。落難的「蛟龍夫人」中，有兩架機身的中華民國國徽和尾翼的飛機編號，仍清晰可見。

張立義、李南屏的U二座機分別遭到擊落，使得中情局也注意到這個不尋常的警訊。因為中共地對空飛彈還是跟在高頻燈亮起之後出現，飛行員能夠反應的時間異常短促，儀表也顯示飛彈基地一定就在附近。飛彈部隊過去顯然全賴長程追踪雷達提供闖入目標的資料，等U二進入射程範圍後，再來個出奇不意的奇襲。中共可能就是用這套「快戰法」把葉長棣的座機打下來的。

還好美方很快就有一套新的技術來破解中共的快戰法。一九六五年初，這套新組合的電子反制設備派上用場，稍作修正後也部署在桃園基地。改良後的「蛟龍夫人」機身背上像加了一條隆起的脊骨，像是一艘「獨木舟」倒覆在上頭，黑貓中隊因此給它取個「獨木舟」的綽號。

「獨木舟」上除了裝有高頻無線電和空中加油插座，還配備功能精進的電子干擾系統。干擾薩姆飛彈的十三號系統改良後，面積已大為縮小，移放到尾輪前的壓力箱內，而傳統的薩姆飛彈警示系統同時也作了些修正。

一九六五年春天，U二又配置另一套更精敏的飛彈警示系統，代號簡稱為OS，它可以偵測由薩姆二式飛彈射控雷達發出的微弱訊息。

薩姆飛彈的射控系統在飛彈發射之前，先得熱機測試待命，只是訊號不外送，以免洩露飛彈發射的機先，但是ＯＳ精敏的碟型天線卻能截收到這一丁點隱而未發的訊號，以紅色燈號示警。

六、獨木舟與黑天鵝絨

薩姆二式飛彈如果已經上路，Ｕ二上的天線接收到更強一點的訊號後，警示燈就開始閃個不停，黑貓隊員就得有閃避動作，最好是來個一百八十度漂亮的迴轉。可是在七萬呎高空受到「馬赫數」的限制，逃避轉彎速度快慢的掌握相當不易，太快則可能造成超速而解體，太慢則會失速而熄火下墜，生死繫於瞬間的轉彎角度，Ｕ二飛行員也因此稱此為「棺材角」。

「蛟龍夫人」這類逃避動作，可以干擾薩姆飛彈的導控電腦，使得攔截目標的高度、方向、速度等資料的換算更複雜，讓飛彈誤失目標。但是Ｕ二飛行員很不喜歡被地對空緊盯的滋味，只要ＯＳ的燈號亮起，黑貓中隊隊員就忍不住開罵，久而久之，ＯＳ又被稱之為狗屎燈號。

添加這麼多電子玩意，U二偵察機的駕駛座當然得更新配置，座艙的空間如此有限，要求配備樣樣俱全委實不易。然而，右上角總算加進一具威脅來臨的顯示器，可以顯見九號系統、十二號系統和OS警示系統上的目標，指出來襲目標的型態和方向。

面對這麼多警示燈號，U二飛行員碰上狀況真夠忙亂的，等於陷身於聲光警示器的迷陣中。薩姆飛彈來襲時，OS的紅色燈號會一直閃著，十二號系統也會在顯示幕上標出迴旋綠色掃描線，再伴隨不停出現的紅白燈號，而十三號系統電子干擾器也不停閃紅燈。

飛行員眼花撩亂之際，耳機預警聲也響個不停，先是泛豐雷達發出鳩鷹類「啾！啾！」叫聲，接著OS又發出「嗶！嗶！」響，還有台灣地面指揮塔「賞鳥」系統轉送訊號的「咕！咕」聲響，可憐的U二飛行員被搞得一團亂，還得力持鎮定穩住「蛟龍夫人」，盡可能轉向逃逸。

薩姆飛彈始終陰魂不散地緊跟著「蛟龍夫人」，而且在一九六五年春，大陸上空又出現新的威脅，中共米格廿一戰機開始服役。早在一九六〇年代中蘇共分裂之前，蘇聯轉交近五十架米格廿一戰機給中共，初期它並未對U二偵察機構成威脅，等到瀋陽飛機製造廠成功地仿製米格廿一開始推出「殲七」，U二巡航的空層又增加一層威脅。

中共稍後發布消息指出，「殲七」從一九六五年一月八日開始服役，幾乎一上場就急調來對付U二偵察機。吳載熙少校二月首度穿幕偵察飛行，返航泰國泰克里基地，就在昆明上空遭攔截，殲七戰機突然自U二右翼下攢升上來，差一點跟蛟龍夫人擦面而過，還好殲七在U二鼻頭下方因攀升後繼乏力而下墜。

跟三年前古巴所面臨的問題一樣，中共空軍殲七也有欠缺「臨門一腳」的攔截困擾。殲七是由地面雷達以無線電指揮，攢升到U二偵察機的巡航高度進行攔擊。攢升是飛機以仰角像彈道弧度上衝，將機體強衝到本來爬升極限更高的高度，殲七這個動作極危險，而且絕少有成功的機率，因為它在攢升時，一定要把油門關至最少，以免在空氣稀薄的高空中超速爆炸，這樣一來又很有可能因引擎熄火失速而失控下墜。

差點跟吳載熙所駕U二打照面的這架殲七，在仰衝到一個弧度頂點後失速下墜；由於米格機機翼和控制面的面積，較U二偵察機小，所以在高空的蛟龍夫人只要稍微轉向，攢升的米格機就無法跟著做，而白忙一場。

但是，殲七顯然不甘心就此白忙一場，攢升途中就已施放兩道「冷箭」——發射兩枚紅外線追踪飛彈，欲置蛟龍夫人於死地。吳載熙返航後報告指稱，在殲七竄上來之前，曾見兩股黑煙從眼前閃過，據推測可能就是那兩枚誤失目標的飛彈。

這趟空中歷險，證明九B電子儀器並未能提供殲七來襲的警告，接下來幾個月，陸續有蛟龍夫人受到殲七威脅的報告。九B電子系統原先是可以測定並反制空中雷達威脅，可是中共將新戰機的雷達摘除，改由地面指引控制，既可發揮殲七攢升性能，也讓U二偵察機難以捉摸。

更可怕的是，中共已開始動用紅外線追熱式空對空飛彈，鑑於早期共產集團中這類飛彈極為稀有，殲七可能就得小心翼翼尾隨蛟龍夫人，尋求成功鎖定的機會。

面對空對空追熱式飛彈的新威脅，U二偵察機特地在引擎後頭加裝個「糖杓子」，減少飛彈追尋熱源的機會，並盡可能少帶油料，以求盡量高飛；而且，除了例行基地交接任務外，內陸偵測飛行返航到下降點時，油料只能留下五十加侖左右，以保持偵察飛行安全。這樣一來只要天候狀況欠佳，就不太可能有足夠的油料可以在空中打轉或轉換基地。可以在空中加油的U二F型偵察機此時也派上用場，桃園黑貓中隊基地就經常停駐這類飛機，但只有中情局的美國飛行員才夠格出這類空中加油的勤務。

空中攔截被當成主要的威脅之後，「臭鼬小組」又在蛟龍夫人身上作隱形術實驗；一九六五年年底，U二偵察機機身開始塗上一層「黑天鵝絨」隱身漆。這種由匹茲堡油漆玻璃廠設計出的產品，顯然多少可以減少機身的雷達回應，但主要是靠油漆中摻的細微亞鐵原料，來減弱機身的電磁波效應。

加裝隱身玻璃中的細密著色氣泡也有助於吸收光線，壓低反光折射的機率。這樣的改造並不全然能使蛟龍夫人隱形（這套構想早幾年就有），卻能使敵方雷達不易搜索，戰機攔截也較困難。

早在「黑天鵝絨」上身之前，中情局就已提出幾套改造蛟龍夫人的計畫，其中有一項叫「變色龍」方案，是將U二機身塗上NCR研究開發出來的奶油色塗漆，只要一飛上急凍的高空，機身就會轉為棕色，等於多加一層防護作用。

配合加裝「黑天鵝絨」，U二座艙的遮陽蓋也由白色漆成黑色，減速煞車與起落架卡座也由銀色改漆為全黑，天篷也經過特殊處理，可以減少反射迴波。

參酌先前U二偵察機遭殲七攔截的經驗，「臭鼬小組」還想辦法減少太陽光折射的可能，盡可能不讓攔截敵機發現。有關這類隱形措施其實早已執行了好幾年，像蛟龍夫人頭頂的線圈斷路器和下方反碰撞的信號標識，上天之前早就摘除，艙門透鏡也貼有遮蓋用膠帶，防止光線反射暴露行蹤。

一九六五年五月十四日，中共試爆第二顆原子彈，也是利用鈾二三五製造的，規模等於兩萬噸黃色炸藥。從U二偵察機一再出生入死的偵察資料解析發現，中共的確已經發展出相當先進的鈾分離技術。黑貓中隊的內陸偵察飛行更得加緊進行，一個月出勤高達六次。這一段期間，中共飛彈防禦力量已大為增強，蛟龍夫人幸賴OS和十三號系統保護，才得以化險為夷。

一九六六年七月，黑貓中隊的莊人亮少校飛越雲南昆明基地上空時，突遭薩姆飛彈暗襲，當時一下子有八枚飛彈升空分兩波襲來，莊人亮巧妙地閃避躲過一劫，同時也拍到了兩枚飛彈進襲的驚險鏡頭。

在另一次偵測蘭州氣體擴散工廠的任務航程中，張燮少校就在目標區上空，親眼看到兩枚飛彈擦身而過，他稍微偏北轉了一圈，折回飛彈基地；結果發現，他居然拍到難得的一張飛彈上架準備發射的照片。

通常，U二偵察機飛行員自七萬兩千呎高空偵測照下飛彈發射鏡頭時，大概有四十秒的時間可逃離危險空層。碰上飛彈就在身旁開花，他也必須力持鎮定，避免慌亂。在空氣極為稀薄的高空，薩姆飛彈爆炸的範圍寬八百呎，U二即使是被一小片飛彈碎片擊中，也有可能遭擊落。美國空軍安德森少校就是這樣在古巴上空犧牲的。

另外，中共土產的米格廿一戰機，也緊咬著蛟龍夫人不放，成為U二想圓滿達成任務最有可能遭遇的另一項致命威脅；也有愈來愈多的殲七，不斷試著投機性的攢升，以俟機施放空對空飛彈。蛟龍夫人因此趕緊又配了一套二十號系統，利用紅外線感應示警，提醒黑貓中隊隊員左右兩翼下方可能有殲七埋伏、空對空飛彈正在伺候。

一九六七年，中共仿製薩姆二式地對空飛彈成功，命名為「紅旗二型」同時開始量產，部署在新的地空導彈營。紅旗二號導彈武器系統由導彈、制導站、發射裝置和地面支援設備等幾個部分組成，以營為基本單位，下設雷達連、技術連和發射連。

紅旗二號由兩級火箭組成，具有良好的氣動外形和機動能力，能對付半徑三十公里以內高速飛行的目標。而其制導站也能自動跟踪導彈，不斷發送指令，比薩姆二式飛彈系統具有較強的抗干擾能力。發射系統也做了一些修正，六個發射架均勻地布置在半徑一百公尺左右的範圍內，各放置一枚導彈，可以打擊各個方向來襲的目標，也可以布置成半圓形陣地，縮小打擊面使火力集中，打擊某一方向的目標。

九月八日，黑貓中隊黃榮北上尉駕駛的U二偵察機，由桃園基地起飛進入浙江嘉興機場上空偵察，落入中共地空導彈十四營的射擊範圍。

「發現目標！」隨著觀測手的提示，雷達連的目光迅速集中在螢光幕上淺綠色亮點，蛟龍夫人正以每小時八百公里的速度闖入。

導彈陣地上，技術連和發射連人員正忙著計算各種射擊參數。突然螢光幕上出現一片雜亂回波，沖散了目標信號。U二偵察機又在動用新的電子干擾，開始對地面軍事設施偵測照相。

「發現目標！」發射連控制台操作手急促地報告。中共新研製成功的目標跟踪雷達，能同時追踪多個目標，也具有較強的抗干擾能力。

「目標進入殺傷區！」

「發射導彈！」

剎那間，紅旗二號飛彈呼嘯著向目標方向飛去。蛟龍夫人已來不及動用「十三號系統」

機身一晃就失去平衡在空中翻滾，接著尾部噴著濃烈的黑烟，墜毀在沙丘上。

第二天，中共宣布在浙江嘉興上空擊落第五架U二偵察機，但並沒有公布罹難飛行員的姓名。這架由黃榮北上尉駕駛的U二，也是不幸慘遭薩姆飛彈的毒手，距離陳懷生在南昌上空被擊落整整有五年。根據台灣基地「賞鳥系統」轉接的訊號顯示，黃榮北已經收到OS發出的警號，卻未能逃過一劫。

從第二年開始，黑貓中隊引進較新型的U二R型偵察機，可以飛得更久，裝備也較齊全，卻因為國際環境改變，中共與美國關係正在醞釀而不再穿越中國內陸，只是沿著大陸沿海上空，遠離飛彈的射程，側照沿海軍事設施照片同時截錄一些電子通訊。

蛟龍夫人也沒有再跟紅旗二號飛彈打照面，世界航空戰史上最早的一場電子反制大戰也就告一段落了。

---

①中共在北京地區佈防擊落王英欽駕駛的RB五十七D，首開用飛彈擊落高空偵察機的先例。中共也以此廣為宣傳。

②中共公布擊落U二的解密資料，先是登在《解放日報》中，後來《海南紀實》、《大公報》輾轉刊載，只是過程描述流於報導文學形式，讓人弄不清楚中共草創飛彈部隊的編制，而且把這支新設的飛彈部隊，機動性說得似乎太強了一點，許多黑貓隊員對報導中描述中共追殺U二的過程都認為太過誇大。

③根據楊世駒的說法，江西南昌有一處飛機製造廠，也是大陸南方重要軍事部署的要點，因此成為U二重要的偵察地點。

第六章　陳懷生——首位殉難的「高空騎士」

即使你死了，我不願悲傷
死神不能永久把我們隔開
不過像牆頭的花，
爬到牆的那一邊開出花來，
看不見，可是你依舊存在
它豈能把我們隔開。

——荒漠甘泉

一、舉槍自戕之謎

一九六二年七月，中共就透過福建前線人民廣播電台喊話，列出一長串空軍機種投誠的賞格金額，其中以U二高空偵察機的金額最高，相當於廿八萬美元的獎勵，顯然中共當局對U二穿越中國大陸蒐集情報的「行情」並不陌生。

九月九日那天，新華社突然宣布「一架蔣幫的U二飛機在華東上空偵察時被擊落」，但是廣播中並未提及卅二歲的陳懷少校的生死。

中華民國空軍總部當天也宣布，空軍一架U二高空偵察機，九日上午在匪區執行偵照任務時失蹤。另外，行政院新聞局也發表聲明如下：「我政府為明瞭大陸匪情，曾於中華民國四十九年七月間，向美國洛克希德公司購得U二高空偵察機兩架，並於同年十二月，將該兩架運返台灣使用。」

隔了一天，國防部及空軍總部又發表簡短聲明，說明正在研究U二在大陸偵察失事的突發狀況。空總官員也循例不透露該機駕駛員姓名及一切情形。但是消息靈通人士表示，該機駕駛員生存機會甚為渺茫。

外電發自香港的報導稱，中共新華社所發表U二偵察機被擊落的事件，已引起香港方面的猜測，認為蘇聯可能已將擊落包爾斯的同型防空飛彈交予中共。

一直到九月十八日，美聯社引述香港《大公報》的報導說，九月在中國大陸上空被擊落的U二飛行員，業已在跳傘著陸後自殺。

《大公報》說，該報消息來源來自中國大陸一封信，並說U二遭擊落後碎裂成三段，飛機殘骸將公開展示。該報還說，U二偵察機機身上顯然是被機槍擊中，信中並未言及U二被擊中的高度。

有關這一類的傳聞多得離譜，還有外電說黑貓中隊的U二偵察機是由日本東京起飛出任務失事的。事實上，當時擔任國家安全會議副秘書長的蔣經國，已經跟台北的主要民間媒體作背景說明，並要求他們不要擴大報導此事，所以台北有關U二首次被擊落的事件，並未像包爾斯事件那樣大事渲染。當時的政治氣氛顯然也不適合作這樣的發揮。

一直拖到九月底，才傳出在大陸偵察失踪的U二飛行員是卅二歲的陳懷少校。空軍總部發言人曹旭東上校在答覆記者說明時，對這項外電報導既不證實，也不否認：「我實在沒有任何新的消息供給各位。」

到了年底，空軍總部發行的十二月號《中國空軍》才報導為國殉難陳懷的背景：陳懷中校畢業於空軍幼校第二期及官校廿八期，曾兩度赴美受訓，先後飛過P四七、P五一、B二五、T三三、RF八四、F八六、F一〇〇等各型飛機，他是在中國空軍擁有U二飛機後，就加入這個特種部隊。

當時的台海空戰英雄歐陽漪棻還在文章中稱許他是「一位中國空軍不朽的飛行員」，但是空總發言人強調：「現在還沒有直接或間接證據證明陳懷中校是生是死，因此不便舉行什麼紀念活動。」但是他表示：「空軍全體官兵對這位卓越飛行員的失蹤，表示極深的懷念。」

第二年四月十六日，台北有一家民營大報駐香港記者王會功報導說，陳懷所駕駛的U二偵察機，係被中共米格機所擊落，墜落於南昌附近羅家集。飛行員陳懷中校於墜機重傷後，舉槍自戕，匪軍搜索時發現他尚有氣息，乃將其急送到南昌市第一五七軍醫院急救，延至晚間九時不治成仁。

這篇報導是訪問「最近從江西逃到香港的難民透露」，受訪者看過U二殘骸，也聽一五七軍醫院醫護人員談過現場狀態，大致跟中共後來所公布的情況相近。但是報導都有意無意凸顯陳懷臨死前的英勇，當時看來真是傳神：

多半由於機身部分的故障，U二機從七萬呎高空，下降到二萬呎，為共匪的雷達發現，匪機也就升空攔截，地面的高射砲火也密集地向上空亂射。

升空的九架米格十九型先是包圍著U二飛行，並作警告式的開火，企圖迫使降落。可是陳懷中校竭力地在使飛機能爬高，而且的確也昇高到三萬多呎，這時匪機便輪番展開攻擊了，U二機被一排排的機槍射中不支地向下俯衝，墜毀在南昌市郊一小鎮羅家集。

南昌市已進入了緊急狀態下，九架匪機在羅家集的上空盤旋，駐防南昌市的匪正規軍，紛紛的開往羅家集。

由高級匪軍官率領的匪軍，趕到了U二機墜毀的地點，他們總以為駕駛員一定是跳傘降落在附近，立即下令匪軍展開搜索。並用擴音器喊話要飛行員投降。許久不見動靜，匪軍乃向墜機處迫近，這時他們聽到了一聲槍響。再衝近去，發現駕駛員一動也不動斜倚在座位上，其後更發現他氣息未絕，乃把他抬上了軍車，由羅家集送往南昌市的匪軍第一五七軍醫院急救。

這所匪軍醫院，此時已四週戒備，全院的醫生、護士都被匪軍關在指定的辦公室，院長與幾名外科醫生與護士召集進了一個單人病房，由匪軍官監視施救。院長於檢查之後，向匪軍表示傷勢很重，尤其是槍傷部分，更沒有把握救治。

下午五時，兩架匪空軍專機降落在南昌機場，一群匪酋包括匪空軍總司令劉亞樓在內，匆忙的趕到一五七軍醫院。院長向劉匪報告飛行員的傷勢太重，救活的機會太少，但他們將盡力的搶救。據說，劉匪曾命令地說：「我要活的飛行員，你們去搶救吧！」

平日這所一五七軍醫院，天黑之後燈光黯淡，今天晚上，全院都把電燈開亮了。劉匪每隔五分鐘，就向院長及醫生詢問飛行員的病況，院長和醫生每次都沒有病情好轉的報告。九時許，一群匪酋都衝入了病房，眼睛都集中的注視著病床上的飛行員，滿臉恐懼的院長與醫生都搖搖頭，向劉匪報告說：「他死了。」

這群匪酋失望的離開了一五七軍醫院，前往匪南昌空軍招待所。U二機已毀、駕駛員已死，他們什麼都不知道。

翌日，「江西日報」與「南昌晚報」都刊登了新華社打落U二機的消息，報上同樣的沒有說U二機是在南昌上空被米格機擊落的，更沒有飛行員壯烈殉職的報導。

二、黑貓夾克隨風而逝

空軍總部發言人針對這項報導指出，飛行員陳懷中校墜機後重傷，當場舉搶自戕的說法，「空軍總部沒有這個資料。」他指出：「假如這家報紙從香港得來的消息是真的，則更能證明陳懷中校壯烈成仁的事蹟，值得大家欽佩。」

空軍此時用假設語氣提出說明是有原因的，根據桃園黑貓中隊的消息，陳懷所駕駛的U二偵察機座艙內，根本沒有手槍可供自戕，而根據參與桃園基地地勤作業的中情局人員回想，當初陳懷座椅下，甚至連防止野獸侵害的短管獵槍都沒有。

整個消息的錯誤導向可能由敵後工作人員策動的。當時中國大陸正在如火如荼地展開「學習雷鋒」運動，台北有關單位也認為該有個英雄模範來接受社會各界的認同表揚，駕駛U二偵察機為國殉難的陳懷正是適當人選，只不過在宣傳手法上稍微過了頭，但是這並不影響陳懷在國人心目中的英雄形象。

消息傳來，先總統蔣公十分悲痛，特地為他取名為「陳懷生」①，以追懷這位卅二歲飛官為國殉難的精神，蔣公還下令情報局和我方敵後工作人員儘速彙報失事經過，後來聽說有南昌一五七軍醫院醫護人員逃至香港，蔣公還請專人試圖將她接到台灣來問明經過。

陳懷在生前已幾度蒙獲召見，傳說他曾經向蔣公言及「座機若在台灣海峽上空失事可以跳傘逃生，若在中國大陸遭擊落則與U二飛機共存亡」，這也是蔣公對於陳懷的殉難一直難以忘懷，幾度輾轉打聽他安息前的確實情況。

黑貓中隊隊友也明白，陳懷隨著座機自高空墜地，即使有成仁之心，恐怕也無貫徹的能力。比較確切的情況是，陳懷落地之時身受重傷，夜裡送醫急救之後不治死亡。陳懷未舉槍自戕的事實自不影響他在隊友心目中的形象，桃園黑貓隊員身穿黑貓夾克時，也十分懷念這位英年早逝的隊徽設計者，對他自愛、上進、誠懇待人的作風尤難忘懷。

就在陳懷所駕的U二遭擊落之後，蔣公更為關切黑貓中隊的高空偵察任務，幾次在夜裡打電話給當時擔任國防會議祕書長的蔣經國，詢問U二偵察機是否已安全返航；而且，桃園基地執行官遇有狀況，也得透過管道向官邸報告。

U二高空偵察機飛行員執行的特種任務，是台灣當時的「最高」機密，也獲得最高當局極度的重視。黑貓中隊隊員首度出任務返航，先總統蔣公總是親自到桃園基地與他們合影留念，黑貓隊員都留存這樣一幀紀念照。

葉常棣在上饒被擊落前兩個月，也曾因偵照北平地圖有功，榮獲蔣公親頒勳章；另一位在汕頭上空被中共導彈部隊快戰法擊落的李南屏，被中共稱為台灣空軍「頭號王牌」，是當年飛虎小組的好手，戰功彪炳，曾經當選國軍克難英雄，四度獲得先總統蔣公接見嘉勉。至於第一位出任務不幸為國殉難的陳懷少校，蔣公還更是悼念這位榮譽心極強的基督徒。

這項中美合作的特種任務，原則上須經由中美兩方領袖批准後執行，U二偵察機所拍攝的中共軍事部署照片，也都重點呈交蔣公過目。就在黑貓中隊首度探知中共核子試爆的情報後，蔣公還招待部分黑貓隊員到日月潭涵碧樓歡聚，慰勉他們長程偵察任務的辛勞。

在台灣海峽情勢緊張的那一段時期，U二偵察任務所顯示的另一層意義，可能是中美共同防禦條約之外更具體有力的結盟象徵，這也就是故總統蔣經國先生當年受命主持這項計畫的原因所在。

美國中情局與中華民國政府協商U二偵察計畫時，蔣經國先生擔任國家安全會議的副祕書長，負責協調制訂國家安全與情治系統政策，並替各個情治單位設定基本指導方針。他雖然只有副祕書長的頭銜，卻是情治系統的實際掌門人，直接向先總統蔣公負責。

U二高空偵察任務列屬極機密，中情局在台北辦事處就透過蔣經國，向先總統蔣公稟報整套計畫，再批交空軍情報署、作戰署暗中選派中級飛官赴美受訓，連當時的空軍總司令都是在事後才被告知有這項合作計畫；至於任務執行的細節，除了U二飛行員外，知情的軍方高級人士恐怕不會超過十人。

民國四十七年「八二三炮戰」結束之後，台灣海峽一觸即發的緊張情勢暫告紓解，但是我方的敵後工作仍在加緊進行；趁著中共空防系統仍有許多雷達死角，戰術空軍尚未補強的空檔，台灣空軍特種部隊深入中國大陸的空投作業、電子偵測任務十分積極，也被當局視為「反攻大陸」前進準備工作最重要的一環。

空軍特種部隊執行敵後任務的犧牲慘重，貢獻也最多，卻不能像台海空戰的戰鬥機飛行員受到英雄式的表揚，當時蔣公與蔣經國先生對此十分清楚，也常到桃園基地走動，多少想彌補這些默默奮戰的空軍弟兄無法接受公開表揚的缺憾。

U二偵察機剛開始出任務歸來時，蔣經國先生還到桃園基地停機坪歡迎弟兄歸來，有空也常到第六大隊的眷舍探望，每年春節也不忘挨家挨戶拜年發紅包，許多U二飛行員也收到蔣經國具名贈送的勞力士手表。這在當時算得上是一份厚禮。

蔣經國偶爾也參加桃園基地黑貓中隊中美隊友的聚會，穿著左胸綉有黑貓隊徽的夾克跟隊友歡聚。

陳懷生第一次駕駛U二偵察機完成高空偵照任務回來時，蔣經國在桃園基地親眼看著飛機的滑輪平穩落在跑道上。那一次飛往新疆的長程偵測任務，只比預定的飛行計畫差了四十秒；這樣一位堅毅、沈著、細密的年輕人在七萬呎高空隨風而逝，蔣經國內心雖然悲痛，可是感覺又像是送走一位遠行的朋友，陳懷生仍然活在國人的心目中。

陳懷生是一個虔誠的基督徒，中共在他的座機殘骸還找到一本《聖經》。他在出事前幾天還寫了一封信給蔣經國，引述美國第一位太空人格倫所說靠神引導使他完成一次歷史性飛行的例子，來說明出任務的決心與勇氣：「……我——一個U二飛行員——蒙主垂愛，也要說出同樣的話；沒有上帝的保護，我們將僅是易被災害吞噬的犧牲品。……」

先總統蔣公在耶穌復活節的證道詞中，特別稱讚陳懷生的基督教殉道精神，「實在值得大家去效法」。

自此之後，台灣地區各界掀起了一股追思陳懷生烈士的風潮，台北市仁愛路空軍總部旁的小學和救國團金山青年活動中心大禮堂都以「懷生」命名，蔣經國特地為陳懷生中校的銅像揭幕寫了一篇〈看不見，可是你依舊存在〉的專文紀念他（見附錄一），黑貓中隊的楊世駒、王太佑也在金山青年活動中心落成後，特地到金山一遊，在懷生廳台階前合影

陳懷生（右一）在南昌上空遭擊落，郁耀華（右二）稍早也因訓練出事罹難，黑貓中隊一下折損了兩員大將。

「懷生廳」落成之後，黑貓中隊同袍特別到此一遊，緬懷故友。

留念，追思這位英年早逝的戰友。

陳懷生的座機遭擊落之後，黑貓中隊的任務暫停了一陣子，一來避開中共叫囂的聲浪，二來也檢討一下偵察任務執行的技巧。當時中國大陸難民逃亡潮已開始湧現，台灣本島反攻大陸的呼聲又起，而U二高空偵察任務自有其心理上的效應，「可以說明政府反攻復國大業，無時不在積極進行之中……」，蛟龍夫人當然不可能就此「禁足」不飛。

當時的輿論自是一面倒支持繼續進行偵察任務，主要的論點是中華民國空軍偵察中國大陸完全在其本身主權範圍之內，絕無所謂領空主權的爭議。按政府發言人的說法，台灣方面從一九六〇年七月就已向洛克希德公司購進兩架U二偵察機，從事偵察飛行至少已有一年半，而中共是在二、三個月前才察知，可見中共軍事情報蒐集之落伍，而且中共防空系統偶然擊落U二自不足為懼。

已被告知背景的民間報紙社論還暗示，中華民國空軍當局既已被證明擁有U二偵察機，其數量當然不止一架，而由常識理解，台北方面所稱購入兩架之說，亦可能不實不盡，由此看來，U二的偵察任務更不可能停止。

更重要的是，當時國際間已經盛傳中共將傾其所有發展核子武器，那一陣子就聽說有可能從事第一次「核子試爆」，對中國大陸軍事情報蒐集正是緊要關頭，怎麼可能叫停。

這是台灣媒體首度公開談論U二偵察任務，立論當然也充分反應當局的觀點，跟美國人的想法也是不謀而合。只不過美國人在U二偵察任務曝光之後，在中共強烈叫囂抗議，國際間也開始注意這個事件的發展，美國不能不有所保留。

①高雄岡山讀者來信指出，根據空軍總部情報署所編之《空軍將士忠烈錄》第三輯記載：烈士自擔任該機駕駛員後，每次執行偵照任務，俱能圓滿達成。屢蒙總統召見，獎勉有加，並與之留影，事後總統於陳懷名下加一生字，親筆書寫懷生之名賜贈之，以為紀念。尤親切叮囑曰：「以後飛行，要小心謹慎，須注意用保險傘。」……另七十年四月中華文化復興運動推行委員會所編著之《忠孝人物故事》中所載：……他原名陳懷，民國五十一年九月，在他最後一次執行任務的前幾天，蔣公召見，親自為他題了一個別號「懷生」……。由上述之資料顯示，陳懷生之名係其就義前蔣公命名，而非死後取名。

附錄一：看不見，可是你依舊存在

蔣經國

懷生是我的好朋友。我喜歡他那純真的情感，平凡的言行，樂觀的態度和堅強的性格。我們彼此的住地雖相距不遠，但是因為工作都很忙，平時見面的機會並不太多，不過每隔一兩個星期總要見一次面。但是這一次彼此不見已經將近一年了。雖然我確實知道他業已犧牲，然而在我的心的深處，懷生仍舊是一個活著的人。許多朋友遠行之後，也有二三十年不見面的，對於懷生，我就有這樣的感覺。說得更切確一點，在我們的情感和友誼的天地中，生與死本來就沒有什麼不同。

即使你死了，我不願悲傷。
死神不能永久把我們隔開。
不過像牆頭的花，

爬到牆的那一邊開出花來，
看不見，可是依舊存在，
它豈能把我們隔開。

讀了這一段《荒漠甘泉》中的話語，在我內心中有無限的感觸。對於生命，我也獲得了一次新的體認。我常常這樣想，人之所以不同於其他動物，就是因為在人的生命歷程上，死亡並不就是幻滅。人的心靈活動常是永恆不朽的。像懷生那樣，他雖然死了，但是我確實覺察到彼此心靈的交往並未終止，他確實仍舊和我們生活在一起。

我第一次見到懷生，他的手裡正拿著照相機，在人群中為　總統拍照，看他的樣子顯得非常興奮、愉快。他率真地對我說了一句話：「今天我是多麼高興啊！」這是我們第一次見面，他的一舉一動使我留下了深刻的印象，後來，我們在很多的場合中又見過很多次面，談過很多次話。……當他第一次駕駛U2飛機完成遠程的高空偵照任務回來時，我親眼看著飛機的滑輪平平穩穩地落在跑道上，我為他驕傲，也為他高興。他在短短幾小時內，完成了往返臺灣與新疆之間的不著陸飛行，打破了中國空軍飛高和飛遠的紀錄，可是當我和他握手時，他和平日一樣的謙虛有禮，一點也看不出做了什麼了不起的事，他對我說：「我們的祖國實在太偉大了！我們一定要下決心收復自己的國土！」當我代表　總統向他表達祝賀之意的時候，他興奮激動，幾乎流出淚來。這種純真的表情，是我永遠不會忘記的，那一天是民國五十一年一月十三日，又是星期五，我曾笑著對懷生說：「今後我再不相信十三日和星期五是不吉祥的日子了。」他很快的回答我說：「是禍是福全在自己。」此後，他不斷地飛向大陸，一次又一次地完成了艱巨、危險而重要的任務，對反共復國的大業作了極大的貢獻。

懷生是一位忠勇的飛行員，是一位善良的青年。他有一顆慈悲的心，有一個遠大的抱負，而且他無時無刻不在力求上進。他虔誠奉行耶穌基督捨己愛人的宏願，堅決信仰三民主義救國救民的真理。然而，懷生也和其他的青年人一樣——好勝、激動。在他的日記中有兩段記載，就很有意義。某次，他在新疆上空歸來的途中，突然發生了一種感想，他記在日記裡：「我已經飛得這麼高，這麼遠，我曾到過這樣廣闊無涯的大天地，為什麼還是把自己放在這個小我的天地裡，為了一點小事情，會和同事吵架呢？真是無以自解……」其實，我們每個人都有這種情形，自己有時會不自覺地，偏處在自我的小天地裡，為了小事，而彼此猜忌，互不諒解。我們所以會有這種現象，完全是由不懂得往大處想，往遠處看，而只知道在小天地裡鑽牛角尖的關係。懷生在第二天的日記裡，又說：「我想明白了，我再也不同任何人吵架了。」他之所謂「想明白了」，正就是想到了大處，看到了遠處，想到了高人一等處。

懷生是一位了不起的人，就是因為他是一個平凡的人。我們看他在日記中坦率承認自己的缺點，有妒忌心、有私心、有偏心，然而他不斷責備自己，勉勵自己，總要使「今日之我勝過昨日之我」。他的偉大就是自己永遠不欺騙自己，這就是他平凡中的偉大，也是他成功的基礎。

懷生有堅強的毅力和決心，同時又有精密清醒的頭腦。他第一次在執行長距離飛行任務時，從台灣出發起飛到新疆返回著陸，比預定的飛行計畫祇差四十秒鐘。這種堅毅、沉著以及細密和準確的行動，不僅值得我欽佩，而且也正是我應該向他學習的地方，因為在我們長期的反共抗俄戰鬥中，這些精神和方法都是最重要的決勝因素。懷生有一次對我說：「萬米賽跑不但考驗一個人的體力，更考驗一個人的毅力；很多人往往失敗在最後半圈，因為這正是最緊要的一段。」革命的事業原本和長距離賽跑一樣，愈接近成功就愈感到艱苦，愈需要我們發揮堅持到底的毅力，向正確的目標勇往邁進。

懷生在他犧牲的前幾天，曾經寫了一封信給我說：

蔣主任：無論在任何地方，我們的心始終同在；不論在海洋上、在沙漠上、在山峰上，或是在敵人境內，都是一樣。美國第一位太空人格倫說他相信上帝，他相信是神的引導使得他能完成該一歷史性的飛行。我——一個U2飛行員——蒙主的垂愛，我也要說出這同樣的話；沒有上帝的保護，我們將僅是易被災害吞噬的犧牲品。我願意引用一則《聖經》上的歷史故事，在《舊約・民數記》第十三、

十四、十五章。記載的是關於以色列人——上帝的選民——進入迦南地的事情。那是一塊流奶與蜜之地。當時那塊土地被強大的敵人佔領著，並修建起城堡堅營。摩西只派遣了十二個人去窺探那塊土地，他們和敵人比較就好像是蚱蜢一樣，同時敵人也是如此看他們。但是十二人當中有兩個勇敢的人，嫩的兒子向西阿，及耶孚尼的兒子迦勒。他們對以色列的子民說：「我們所窺探之地是極美之地，我們立刻上那地去罷，我們足能得勝，去佔有那地。耶和華若喜悅我們就必將我們領進那地，把地賜給我們，但是你們不可背叛耶和華，也不要怕那地的居民，因為他們是我們的食物，並且蔭庇他們的已經離開他們，有耶和華與我們同在，不要怕他們。」我希望這個故事能給予我們完成任務的光亮和勇氣，我們一定要回到大陸去，願上帝祝福。陳懷生。九月七日。

這一封信可說就是懷生的遺囑。他在信中自然地流露出堅強無比的信心和純潔仁愛的天性。有一次，我們在三軍軍官俱樂部見面，他講了一個故事說：「沙漠裡有一種鳥，在找不到水喝的時候，母鳥就用嘴啄破自己的肚子，用體內的血餵給小鳥吃，血吃完了，小鳥得活，母鳥就此死去。」從這一個故事，我又想到另外一個故事，那是記載在一本基督教的書中：「有一次森林大火，一隻母鳥從外面飛回來，看到巢中的小鳥快被燒死，就自己撲在鳥巢上，準備和那些小鳥一同死去。」這些動人的故事，都是說明偉大的仁愛與犧牲對於生命綿延的價值。懷生就像那故事中的母鳥，他流盡了鮮血，奉獻了肉體，但卻換來了國家民族永恆的生命。

懷生已經從七萬呎高空掉在自己的國土上犧牲了。他的犧牲出自虔誠的信仰與仁愛的天性，他不會想到世俗的報酬和讚美，但是我已經立下誓願：當我們消滅敵人回到大陸國土上的時候，我一定要在懷生殉難的地方樹立一塊大石碑，作為永久的紀念，因為：

一顆偉大的隕星曾在此處墜落！
他奉獻了有形的生命，換來了國家民族的永生，
他的犧牲留給青年們珍貴的啟示！
他的偉蹟應受到同胞們的景仰與尊崇。

第七章　美國替蛟龍夫人隱身

一、「從台灣起飛的U二飛機」

U二偵察機穿越鐵幕之旅，一直是中情局的最高機密。如果不是包爾斯所駕的U二在一九六〇年五月失事，遭蘇聯俘虜使美國受窘，外界可能不清楚世界上竟有蛟龍夫人的存在，甚至對這項已經進行四年多的穿幕之旅也是一頭霧水。

同樣的情況也出現在桃園黑貓中隊；一直到一九六二年九月九日，陳懷生駕駛的U二高空偵察機遭中共擊落，外界才知道蛟龍夫人自台灣出擊大陸這回事，但對於執行細節仍一無所知。

陳懷生駕駛的U二被擊落後，台北與華府方面分頭發布消息，遮掩事實真相，雙方都說是洛克希德公司在獲得美國政府出口執照後，將兩架U二出售給中華民國，言下之意，整個事件跟美國無關。

美國國務院在失事消息傳出之後指出，美國洛克希德公司曾在一九六〇年下半年間，獲美國政府的許可，將兩架U二高空偵察機賣給中華民國，並於同年七月間簽訂購機合同。當時是由艾森豪總統核准飛機出口執照，飛機乃於十二月運交台灣。

國務院發言人稱，這兩架U二偵察機的使用乃中華民國之事；但是，他承認「可以假定」依照通常美國與軍事盟邦的情報交換方式，中華民國取得任何情報將通知美國國防部。據透露，在中華民國購得這兩架飛機時，曾有若干中國飛行員接受訓練如何駕駛U二偵察機。

美國國防部助理部長尼特茲在電視中答覆「美國何時及為何將U二偵察機交與中華民國空軍」之問題時，他答稱：「美國政府正在審慎研究此點，我相信國務院將發表聲明，表明係由洛飽希德公司飽中華民國直接交涉，出售兩架已取得出口證明的U二偵察機給台灣。」

問：這架U二偵察機究竟屬於中華民國還是美國？

答：該機歸屬中華民國空軍所有，美國飛機並不在中國大陸上空飛行。

問：你能不能公開表明，美國是否早已知道中華民國將派U二穿越中國大陸？

答：對此，我不便評論。

問：除了中華民國之外，美國是否曾將U二交與其他盟邦？

答：這我也不便說。

問：中共到底使用何種武器在六萬呎至九萬呎高空擊落U二？

答：我們假定中共可能已有地對空飛彈。

問：這個事件是否讓美國感到尷尬？因為美國政府曾公開宣稱不再派U二穿越中國大陸和蘇聯領空。

答：這是個不愉快的事件。

中共當然不信美國講的這一套。《人民日報》在頭版中指責「美國加強U二偵察機的偵察活動，是美國帝國主義為加深遠東緊張情勢，和加速其在世界各地的準備工作，以從事新戰爭的一種具體步驟。」

新華社並以英語廣播引述該文的題目為「向美國侵略者警告」，文中說：「中共空軍於九日上午擊落侵入華東上空的美製而屬於中華民國政府的U二偵察機，是對於美國侵略者的一次嚴重警告。」

「侵入我們的領空絕不是一件單純的事件。它是和美國U二偵察機在最近期間，對社會主義（共產集團）各國加強其間諜活動的一部分。活動的基地大部分在日本。

其實，中共明知陳懷生所駕駛的U二是由桃園基地起飛，卻又挑明是日本，顯然係別有用心。《紐約時報》就在社論中點明這點企圖：「中共大肆宣傳U二飛機為美國一項大規模從東京出發的偵察中國大陸行動，顯然是企圖利用日本人對於美國以日本為基地從事冷戰行動的敏感問題，挑起是非。」

果然，日本各大報均以頭條報導U二遭擊落事件，並謂這是一個可怕的警號。《朝日新聞》說，這個意外事件乃國際局勢惡化的不祥之兆，並呼籲中華民國與美國停止穿越竹幕的偵察行動。《讀賣新聞》也提出警告說，最近一連串U二偵察機意外事件，將提供共產國家以「有力的藉口」，在聯合國抨擊美國為威脅世界和平的主要國家，並讓不結盟的中立國家懷疑美國的真正意圖。

《朝日》與《讀賣》還認為，美國與中華民國因有「中美共同防禦條約」的關係，中華民國U二偵察機所蒐集的情報必將與美國分享。

自從一九六〇年五月間美國U二飛行員包爾斯被擊落之後，U二偵察機已經有很長一段時間不再是外界注目的焦點。一直到六二年九月間才又再出狀況。就在陳懷生座機在南昌上空被擊落前十天，美國另一架可能由日本機場起飛的U二偵察機，也在蘇聯南庫頁島上空迷航九分鐘，遭到蘇聯當局嚴重的抗議；而美國U二偵察機在古巴上空的偵察任務也不十分順利，讓白宮方面十分頭大。

不過，美國各大主要媒體倒沒有太跟政府唱反調。《紐約時報》發表一篇題為「從台

中共硬說陳懷生的U二座機是從日本起飛，蓄意挑起日本的不滿。

灣起飛的U二飛機」的社論，在推論上支持中華民國政府穿越中國大陸上空的偵察行動。《紐約時報》說：「中華民國與中共仍在戰爭中，雖然他們之間的衝突有時處於低調。中華民國人士當然想藉空中偵察來覓尋有關共黨軍事活動的情報，就如共黨也會一切能力來防止這種偵察一樣。」

《華盛頓郵報》也表明同樣的觀點：「中華民國和中共之間現有的局面可以說是維持在戰爭狀態。在此情況下，從事偵察飛行是一種合乎常軌的行動，並不違反和平時期的通常慣例。」

《巴爾的摩太陽報》也說：「世界上所有國家不都在試圖盡力獲取潛在敵人的情報，這類的事件根本就無需解釋。」

那個時期，反共仍是美國人共同持有的意識形態，U二也被視為在冷戰時期穿透鐵幕的象徵，對這個活動本身只要不出大紕漏，總是樂觀其成。其實，從最早中情局介入U二偵察任務後，已有好幾次訓練或執勤時出意外而曝光，但是在華府的重要媒體負責人皆已獲得美國政府充分背景說明，不太張揚此事。倒是一些地方小報不受此約束，出了好幾次問題。

有過包爾斯事件的前例，當時台北與華府都認為保持緘默，自然可以雨過天青。白宮、國防部和洛克希德公司在接到後續的相關問題時，都轉給國務院。在新聞記者一再追問之下，國務院發言人仍然宣稱：「有關U二飛機這個問題，我們該說的都說了。」他接著又說：「我們已一再表明，那是中華民國政府自己的事。」

中華民國駐美大使館同樣保持緘默。大使館發言人認為，目前的U二事件決不同於一九六〇年的包爾斯事件。但是，並無跡象顯示，美國與中華民國已下令停止在中國大陸上空的偵照任務。

二、「擴散戰爭的毒蟲」

中共顯然並不因此罷休，仍不停利用U二事件，擴大大陸新的反美情緒，各地均舉行「憤怒的集會」，稱中華民國使用美製飛機偵察大陸已引起人民「極大的反應」。中共和平委員會副主席廖承志說：「U二飛機乃擴展戰爭瘟疫的有害毒蟲，無論塗抹什麼色彩，無論是從什麼地方起飛的，都是美帝侵略的跡象。」

中共民主同盟主席沈鈞儒說：「美帝承認：提供U二偵查機侵入中國大陸領空，可見過去否認煽動蔣介石派兵侵擾大陸乃屬謊言。」

接著，中共又拉出被俘的中華民國RF一〇一型偵察機飛行員吳寶智指稱，台灣有關中國大陸上空的偵察飛行任服均由美軍事人員「直接管理」。吳寶智係一九六一年八月二日在福建上空被擊落，他透露，美國情報特務控制中華民國U二偵察機的飛行和訓練；由台灣出發的高空偵察任務，亦由美國人規劃航路和高度向飛行員面授機宜，且不准中華民國空軍接近U二間諜機。

他在接受「新華社」專訪時又說，中華民國空軍在一九六〇年下半年由美軍獲得兩架U二偵察機，在桃園成立第卅五中隊負責這項特種任務，名義上係由空軍情報署指揮，事實上則由美情報特務控制其飛行及訓練該機人員，美國人員負責給養U二飛機，U二有特別的機庫，有鐵絲網圍繞，外人不得進入停機棚，連桃園基地上校軍官亦不得進入。

吳寶智上尉在失事被俘前編屬空軍第五大隊第六中隊第四機隊代隊長，專門負責低空偵照任務。他說：「所有大陸上空的騷擾任務均由美製各種偵察機執行，而RF一〇一偵察中隊則由美國第十三航空隊組織及指揮。」

「新華社」報導指出，吳寶智所屬機隊有四架RF一〇一偵察機，六位飛行員，均經嚴格「効忠測驗」，一九五九年經選送前往沖繩美空軍基地受訓六個月，所有起飛前面授機宜皆由美國軍官執行。中華民國空軍派往第五中隊督察，均不得靠近兩架RB五十七D型高空偵察機，裝置及移出偵察照相底片，均由美國人自己做。各機機身沒有番號，每次飛行前一日，各機師即奉命進入特別的「密室」聽取美軍戰情簡報，嚴禁與外間接觸。祇有美軍情報人員知道各種偵察機如何執行任務及須飛何種路線，飛行所獲得資料，則交由台灣的美軍事機構。

新華社還引用吳寶智的話，詳述任務前戰情簡報經過：「起飛後美第十三航空隊的軍官即監控RF一〇一的飛行任務，若發現遭人民解放空軍截擊，美軍官即令其飛回。」

中共新華社報導的內容，大致跟中情局與我方合作的作業過程相脗合，可見中共當時對U二等偵察機動態的掌握相當成功，擴大揭露作業細節當然是要讓美國人難堪。

在對外公開U二作業過程後，緊接著北平政權正式向美國提出強烈的抗議，強調U二偵察機係「直接由美國控制」，美國應負「公然侵略」中國之責。聲明中並指稱美國政府的外交政策為「瘋狂加強推行對全世界的侵略戰爭政策」。

北平政權還指稱，中共空軍曾於一九五九年十月七日在北平擊落RB五十七D偵察機；一九六一年八月一日擊落RF一〇一與一九六一年十一月六日在華北擊落P2V式飛機，因此陳懷生座機遭擊落並不是偶然或獨立的事件。

三、甘迺迪的煙幕彈

在中共一連串叫囂怒罵之下，美國總統甘迺迪被迫在白宮記者會上暗示，美國將不同意中華民國採購新的U二飛機，以補充在中國大陸上空遭擊落的一架。

甘迺迪說，中華民國是美國政府曾經簽發洛克希德公司出口U二的唯一國家，除此之外，並未對任何其它國家簽發出口執照，「我們並無計畫再批評任何輸出許可證。」

這項聲明只是應付中共叫囂所引發國際壓力的「煙幕彈」而已，實際上中情局的U二偵察作業並未中止，只是添加一些防護的配備而已。

中共仿效蘇聯在包爾斯事件上的作法，推波助瀾，策動宣傳攻勢，緊咬美國不放：把南昌上空U二遭擊落的事件跟庫頁島U二迷航事件聯結起來，同時也扯上英國從事「氣象偵察」的U二，說是美國「在全世界範圍內加緊新的戰爭準備的一個具體步驟」。同時也把桃園黑貓中隊的任務和美國軍事顧問泰勒將軍訪問台灣扯在一起，證明是「美國決心要在遠東擴大侵略」。《人民日報》以「警告美國侵略者」為題發表評論：「美國政府曾一再表示沒有以武力進犯中國的意圖；可是，現在它卻派遣了U二飛機和侵入中國進行偵察，這又是什麼意圖呢？」

當時，北平當局的確是很擔心美國幫助中華民國政府反攻大陸。一九六二年正是中國大陸情勢最不穩的時期，「三面紅旗」、「大躍進」等政策失敗，再加上連年的天災，有上千萬人餓死，五月間就開始出現逃亡潮，大批難民湧往香港邊界，一時使中共政權出現了垮台的危機。

就在這個時候，中華民國政府鄭重表示即將反攻大陸，中共立即發出對美國恫嚇，指責美國政府支持台北當局的反攻大陸計畫。這一招果然有效，美國旋即在例行的華沙會談中，特別派遣專使卡波特到華沙與中共駐波蘭大使王炳南會商，向中共提出「美國不支持中華民國的反攻大陸計畫」的保證。甘迺迪稍後也在記者會上重申此意。

在「三面紅旗」政策失敗，中國大陸人心不穩之際，中共正好利用U二題目發揮，聲討美國帝國主義侵略，靠著外患來整合人心。另外也可以在國際間對美國施加壓力。

當年西藏發生抗暴事件時，台北方面剛表示要以武力支援西藏同胞，美國立即發出限制我國使用美製武器的聲明；中共此番再借著U二飛機造勢，也是希望美國能限制台灣使用美製U二高空偵察機。

《紐約時報》當時自台北的報導指出，台灣各大媒體皆一致要求，美國繼續補充另一架U二給中華民國；《英文中國日報》指出：「U二的高空偵察任務必須持續下去，主要是它蒐集的資料相當豐富。中國大陸乃中華民國的領土，外人並不能對我們這項穿越內陸的偵察行動置喙。」

由於U二偵察機所蒐集的情報十分豐富，中美雙方根本捨不得放棄這項合作計畫。《華盛頓明星報》記者富蘭克林訪問台灣的報導就指出，中華民國政府從一切舊的及若干「格外新的」情報方法，取得基本情報，也常常用U二飛機蒐集到的照片，來佐證那些情報來源。

一九六二年夏，中共武裝部隊在大陸沿海集結，首先是由在華南一帶活動的中華民國敵後人員先報告的，而若干細節曾靠無線電竊聽來確定，當然U二的高空偵照也功不可沒。

《華盛頓明星報》還說，如果U二偵察任務停止，中華民國所受到的打擊不會出現像一九六〇年包爾斯在蘇聯上空遭擊落後美國對蘇聯監視工作幾乎停頓的困境，因為中華民國當局在中國大陸成立敵後組織並沒有那麼困難。

事實上，U二高空偵察任務停止後，美國蒐集中國大陸情報等於毫無管道，而中共核子發展又處於關鍵階段，不能不加注意，也只有讓甘迺迪總統公開說謊來替蛟龍夫人隱身了。

第八章　核子試爆與U二「吸塵機」

一、五九六計畫

各方預期的中共首次核子試爆，終於在一九六四年十月十六日舉行，威力相當於兩萬噸的黃色炸藥，幾乎是一九四五年美國在廣島投下的那顆原子彈的規模。西方對中共這次破天荒的核試並不感到驚訝，靠著黑貓中隊長期的努力，美國情報單位已作了精密的研判，早在試爆前十七天，當時的美國國務卿魯斯克就已公開預測它即將發生。

美國原先判斷中共可能會選在十月一日建國十五週年「國慶」那天進行核子試爆，以擴大其聲勢，中共中央也同意十月初正式進行原子彈爆炸試驗的意見，只是很難找到一個理想的氣象「窗口」，才延到十六日舉行。

這個「窗口」要求新疆羅布泊試驗場的天氣從爆炸前兩天到起爆時，均應無雨無雷電；要求中國大陸東南及緊鄰沿海各國，在爆炸後若干日內無雨，以免高空核子烟塵隨雨降落，造成核子汙染。經過周密的觀測和精確的計算，確定十月十三日以後一週內是核子試爆理想的「窗口」。

經過慎重的研究，才決定十月十六日十五時為首次核子試爆的零時。中共國防科委立即把這項決定傳送到中共總理周恩來的辦公室。周恩來報告毛澤東後，同意按選擇的零時實施核子試爆，同時也在羅布泊試驗場和總理辦公室之間架設專線電話，充分掌握進展。

零時，羅布泊上空突然出現了強烈閃光，一團巨大的火球騰空而起，衝擊波像颶風一樣向四周襲擊，緊接著傳來一陣令人生畏的轟鳴，就像一串串驚雷。隨著轟鳴聲的消失，雪白的烟霧在空中翻捲，地面上湧起的塵柱不斷高升，烟霧和塵柱連在一起，形成了一朵蘑菇狀烟雲，在茫茫大漠中冉冉升起。

大家被試驗現場的景象嚇住了，現場突然翻騰起來。中共軍頭張愛萍拿起電話，聲音有些顫抖地說：「報告總理，我們成功了，原子彈爆炸成功了！」

周恩來的聲音也有了些異樣：「你們能不能肯定是核爆炸？」

張愛萍轉身問了那些專家，答案是肯定的，「根據初步觀測到的情況，可以肯定是核爆炸。」

毛澤東、周恩來等中共領導人稍後在人民大會堂接見大型音樂舞蹈史詩「東方紅」全體演出人員時，由周恩來當眾宣布：「今天下午三時，我國在西部地區爆炸了一顆原子彈，成功地進入第一次試驗！」

奇怪的是，桃園黑貓中隊並未受命升空蒐集核子落塵樣本，反而是由美國空軍的U二、RB五十七偵察機出動，利用機翼上的空氣過濾器，收集到輻射雲的樣品。不久化驗分析出來，工作人員都大吃一驚。從原子落塵成分推斷，中共是採用鈾二三五作為分裂原料，取代了原先研判的鈽。

不久，美國總統詹森向全美發表的聲明中說，美國情報機構「幾年」來已知道中共在羅布泊建立試驗場。美國國防部長麥納瑪拉說得更明確：「約三年前已預期中共會有這套核子試爆裝置。」

當時華府情報界人士普遍認為，由於中共急於加入「核子俱樂部」，U二偵察機當然會以中國大陸核子試驗場為主要偵測目標。美國總統甘迺迪在就職後重申，美國不再派人駕機深入蘇聯領空偵察。但也沒有指明美國不派飛機偵測其他共產集團國家。中國大陸自然成了下一起空中偵測的目標，華府情報單位急於得知「竹幕」內的動態，特別是中蘇共分裂之後，中共是否會加速自行發展核子武器計畫。

儘管中共一再表示無此意圖，但是中共急於搞個原子彈的跡象卻愈來愈明。早在一九五九年中蘇共一再齟齬之前，中共就已有自力發展核子武器生產計畫，當然它也包括洲際飛彈的投擲系統。

稍早，北平附近的中國原子能技術學院已在蘇聯授權下，建好一座實驗性重水反應器；一九五九到六一年間，大陸各地陸續設立一些小型反應器，包括安裝在南京的一座中國人自行設計的反應器。

沒有蘇聯老大哥幫忙，中共難道就不能自立核子門戶？當時由王淦昌、吳恆、錢三強、錢學森領導的一大批研究人員，就在北平和幾個大城市同時協力尋求突破。他們很快就轉到新疆塔克拉瑪干沙漠基地，就在羅布泊附近設立核子試爆場址。

錢學森這位留美的核子專家同時也兼管中共洲際飛彈的研究發展，發射場就設在往東幾百公里以外的甘肅。這些場地也就成為黑貓中隊的偵測目標。華府和台北同意雙方可以分享這項軍事發展動態的情報。

比較麻煩的是，這類偵測目標遠離台灣三千公里，長程高空偵測飛行已到了U二飛機和飛行員所能忍受的極限，出任務極為艱險。由於羅布泊偏遠，迫使中情局考慮到中國大陸周圍友邦找U二的起降基地，以利於偵察飛行。最後，找來找去，只有泰國和印度最有可能。

一九六一年間，U二加緊展開高空偵察，卅五中隊的「黑貓」隊員不祇是深入中國內

U 二上端精敏的濾過器可以用來吸收核子落塵，帶回基地化驗分析出核彈成分。

偵察探測蘇聯與中共的核子試爆是U二最重要的任務。

陸，有時也會在沿海地區打轉，偵測對岸的軍事部署動態；那一陣子，每月平均有三次內陸偵察任務。U二出勤就像利箭直射西北，回程經雲南上空再折回桃園基地。

一九六一年元月十三日，陳懷生少校首度出擊，目標為甘肅雙城子附近共軍飛彈發射台及機場。陳懷生安全返航時，蔣經國穿著黑貓中隊夾克在跑道上歡迎他，並親自替他配掛勳章。

陳懷生出任務時間只比原定時間晚了四十秒，讓其他四位黑貓隊員信心十足，陳懷生也按捺不住興奮的報告偵察經過。送日本沖印的照片送回桃園之後，發現陳懷生座機曾在雙城子上空打轉了二個小時，全神貫注尋找飛彈試射場。

美國原先的情報顯示，蘇聯已在當地替中共建造試射場，讓中共能發展洲際飛彈。陳懷生返航報告中說，就在他覺得航程油料已達極限時，才看到沙漠遠處有軍事設施，接近後才發現是一個龐大的高台架構，正是豎立飛彈以待發射的基本設備。

陳懷生再飛行一段短時間，為這個試射場攝下完整的照片，然後帶著這套大家夢寐以求的證據返航。這是一套極好的照片，後來並轉送世界各地，供華盛頓和西方盟國的決策者參考，這些人既想知道中共在飛彈發展的進展，也想知道蘇聯如何在技術上援助中共。照片顯示中共的確有一套雄心勃勃的飛彈發展計畫，而且已全盤複製了蘇聯的飛彈設施。很顯然這套設施自一九六〇年代中期即未再使用，因為它看來已經荒廢，並無運作活動跡所很奇怪的新建工廠的情況，從所拍攝的照片看來，這一所工廠的建築設計，美國的物理年多以來，美國的偵察衛星以及U二，始終在繼續不斷地監視大陸內蒙地方包頭附近的一

警告說，中共將在「最近的未來」，進行一次核子爆炸了。魯斯克的推估就是靠著最近兩

測到過，總有一天中共會參加這一個「核子俱樂部」的。美國國務卿魯斯克便曾提出一項

中共這一次的試爆，並未使人感到意外，因為這些年來全世界的科學家們，已經都預

蘭州、內蒙包頭、新疆羅布泊等地打轉，緊盯中共自行發展核子武器與長程彈道飛彈的進展。

空拍攝相關的核子設施。那一段時間，U二偵察機一直是圍著西北一帶青海格爾木、甘肅

接下來輪到楊世駒出擊，任務是飛往青海格爾木偵測一處核子原料加工廠，也是在高

子武器試驗場沒有活動。這些情報是確確實實的大豐收。

為中共興建的核能發電設施已呈中斷狀態，隨後且停止支援這項計畫。偵察並發現一處核

台灣U二偵察計畫，後來揭露了中共全盤飛彈發展的確實狀況。此外，它也顯示蘇聯

中共的合作。

這套照片證明，北京與莫斯科不但在言詞上分裂，而且實際上蘇聯已停止轉移武器系統給

機。當時，華盛頓仍然不能確定蘇聯與中共是否已真的決裂，眾人意見紛歧，莫衷一是。

另一方面，中共這套設施在中蘇共分道揚鑣後一無動靜，也顯露出一些使人放心的玄

象。但中共擁有洲際彈道飛彈的意圖，則至為明顯。

學家們判斷是安放原子反應爐，製造鈽二三九之用的，工程師們依據所需要的水量，以冷卻原子爐的情況來計算，這一所工廠是規模很小的，照其設備，將來每年至多可以製造三枚鈽原子彈而已。更重要的是，根據另外的U二偵察照片來看，中共另外在新疆內部，正在建造一座核子試爆的高塔。

這件事是曾經向全世界透露過的，不過，當中共試爆的消息傳出時，國際間的均勢，隱約地似乎已經有了變動，因為像大陸那樣民窮財盡的情況之下，在新疆試爆一次核子裝置是一件非同小可的事情，尤其是，自從一九六〇年以來，蘇俄已經停止技術援助中共了，中共竟能試爆，更是令人格外感到詫異。

按照中共試爆時所放出的電磁能的紀錄，以及試爆時地震儀及大氣震波的測驗來計算，美英兩國的科學家認定，那是一種「原始的」裝置，大約比較一九四五年美國在阿拉莫古多所作的第一次原子試爆的情況差不多，那一枚炸彈的爆炸力，約等於一萬九千噸黃色炸藥，而今天蘇俄或者美國的核子炸彈，其爆炸力都在數百萬噸以上。

中共這次的試爆，曾經費了十四年時間作準備工作，化了二億多元的美金，他們動員了一千八百名科學家和工程師。所有這些財力和人力，是在中國大陸經濟趨於近乎崩潰的情況之下壓榨出來的。

一九六一年七月，北戴河國防工業會議正在召開。會議的最重要議題是解決一個嚴重的分歧——原子彈工程是「上馬」還是「下馬」！

深夜，千里之外的杭州，毛澤東的電話直接要通了北戴河。「榮臻同志，情況好嗎？」毛澤東憂心忡忡。「大多數同志的意見，是堅持上馬。」元帥的聲音從遙遠的海邊傳來。「會議結束，再議一次吧。」

一月之後，中南海小會議廳內，中共黨的領袖相聚一堂，聽取聶榮臻關於研製原子彈、導彈的匯報。

聶師的匯報剛結束，陳毅就要求發言。「我贊成榮臻同志的意見，脫了褲子當當，也要把尖端武器搞上去……」

「我這個外交部長的腰桿現在還不太硬，你們把原子彈、導彈搞出來，我的腰桿就硬嘍！」

一九六二年八月四日，中共外長陳毅在瑞士廣播電台的錄音訪問中講得更明白：「我們也發展我們自己的原子彈，因為我們如果沒有原子彈，資本主義者就會認為我們是落後的。」

正當中共原子能事業起步的時候，遇到了來自蘇聯的技術封鎖，一九五九年六月蘇聯停止了對中共的技術援助，為激發民族精神，第一顆原子彈命名為「五九六」任務。

二、夜探蘭州

一九五八年八月十五日，一列從河南商丘出發的混合小型專列載著一百二十名軍人組成的勘察隊及各類器材，駛進了敦煌附近的峽東車站，開始了當時稱為「上不告父母，下不傳兒女」的核試驗場區勘察工作。

最早時，核試驗場區定在敦煌附近，但經過反覆勘察，認為不利於敦煌文化藝術寶庫的保護，同時，這裡的地理位置和其他條件亦不適宜於進行較大當量的核試驗。

於是，勘察隊繼續向西挺進，羅布泊的天然場區展現在眼前。這裡地廣人稀，氣候適宜，總面積十萬多平方公里，比一個浙江省還大。一九五九年六月，國防部批准羅布泊為中國的核試驗基地。中共核武的發展正快馬加鞭，U二偵察行動當然不會因對岸叫囂而喊停。

一九六三年一整年，在中共全力籌劃之下，核子試爆的可能性愈來愈大，西安與重慶又各建了一座核子反應器，比原先預估的規模要大，也更有可能製造大量核子武器所需的鈽；中共同時也在尋求製造核彈的另一條路子，例如甘肅省蘭州一家利用核子反應器引發的氣體擴散廠，即已在秘密趕工，這套設備可以從鈾二三五自然鈾礦石中，提煉出鈾二三八同位素，用來取代鈽當作核子分裂原料。看來，中共已突破這方面的技術瓶頸。

更值得注意的是，中共投擲核子武器的技術也有了成果——第一顆洲際飛彈終於發射成功，時間是在一九六三年十月。

當時若干專家認為，共匪第一次雖然試爆了一座核子裝置，可是在兩年以內，他們不可能再試爆第二枚，不過，由於西方有一部分原子科學家，像美國的加州工學院及法國的居禮學院中的一部分科學家，投到中國大陸去，所以在科學方面，中共並不因為蘇俄停止技術援助，而感到困難。蘇俄曾替中共開發了鈾礦，而且建立了至少四座原子反應爐，加上一部分附屬的工廠，不過，仍舊缺乏鉻和鎳，那是一座原子反應爐運作時不可或缺的。

不過，中共這一次的核子試爆，至少在對蘇俄的鬥爭中佔了一些上風。中共自己誇口說，他們每年可以在發展核子計畫這一件工作上，花五億美元，除非發生水災或者旱災，使他們不得不用硬幣向國外購買食物。如果按照他們的說法，那末他們要「儲藏三十枚小型原子彈」，需要四年到十年，而製造投擲這種炸彈的足夠的遠程飛機，則要花一百億到二百億美元，加上十五年到二十年的時間。

從U二高空偵察機拍回來的照片顯示，中共全民「勒緊褲帶」、「土法煉鋼」搞核武的作法令人嘆為觀止。那些為著「人民祖國」尊嚴的工程人員在人力、物力、財力缺乏，又沒有現代化重工機具的情況下，居然在荒漠中建立起大片的核子試驗基地，實在讓美國人百思不解。

更讓美國人想不通的是，中共又出人意表地在一九六五年五月十四日試爆第二顆原子彈，也是利用鈾二三五製造的，規模等於兩萬噸黃色炸彈。從U二偵察機一再出生入死的偵測資料解析發現，中共的確已經發展出相當先進的鈾分離技術。黑貓中隊的內陸偵察飛行更得加緊進行，一個月出勤高達六次。

就在二千八百公里外，靠著黑貓中隊隊員張燮飛到羅布泊上空，發射到鄰近試驗場沙漠的一根五公尺長的感應器，中共核子試爆的震波也透過這個太陽能感應器，傳送回楊梅附近山頭的監聽站，藉此推算出核子試爆的規模等級。

中共試爆後數小時，高空飛行的U二機飛近或飛臨中國大陸，使用特別設計的一種過濾器，吸收到中共此次試爆後在空中所產生的放射微粒加以仔細分析，科學家們就可以確定中共這一原子裝置所發生的能量，以確定他們是用的什麼原料。

曾參加美國原子彈計畫工的核子物理學家拉爾夫．萊普指出，利用若干種物質，可以掩護核子試驗裝置，讓其他國家無法對他所試爆的核子裝置作微妙的放射化學分析，中共可能也掩護他們的原子裝置。「中共或者願意讓他們的原子裝置比實際的大些，也可能企圖使美國認為他們有新武器。他們甚至想騙我們相信他們試驗的是熱核子武器。我們雖沒有理由相信他們試驗的是熱核子武器，我們經常在擔心有人會發現製造這種武器的方法。」

他說，如果分析的結果指出中共所試驗的是某種巨型的新核子武器，美國科學家們一定會覺得非常懷疑。但其他國家，如日本等，也要分析中共這次試爆所產生的放射微粒。

分析後可以指出中共的原子裝置是否使用人造的元素——鈽，或者鈾二三五。這些原素的原子被一中子衝擊後，就會分離、分裂，因能產生能和更多的中子。這兩種元素都能產生立即的原子連鎖反應，因而產生核子爆炸的能。

製造核子彈的最簡單方法，是使用鈽，鈽可在放有天然鈾的原子反應器中製造出來。天然鈾中不到百分之一含有分裂性的鈾二三五，其餘的便是不易分裂的鈾二三八。如果把足夠的天然鈾堆在一起，分裂性的鈾二三五便會開始連鎖反應，產生大量的中子。其中許多中子將被鈾二三八吸收，變成了鈽二三九。然後可用化學方法把鈽和鈾分開。

生產鈽的原子反應器是比較容易製造的，但祇能生產少量的原子彈所需物質。使用鈾二三五製造核子武器要困難得多，昂貴的多。若用鈾二三五製造，需要用耗費電力極大的大工廠從天然鈾中抽取分裂性的鈾二三五。譬如，美國這種工廠消耗全國總電力的百分之十到百分之十二。但如果有這種工廠，就可以源源供給製造原子彈的物質。

謠傳中共已建立了一座抽取鈾二三五的工廠。但美國的科學家們相信，中共和法國一樣，都是走鈽的路子，用鈽來製造他們的原子武器。

瞭解中共科學發展的美國物理學家貝比里特指出，自從一九五八年，中共在北平就設有原子反應器，一直在使用中。中共的原子反應器原是蘇俄供給的，它的原子連鎖反應祇能產生一萬瓩的熱能。大約估計，一個原子反應器，每一千瓩的能每天能產生一公分的鈽。如果此數正確，中共每年祇能從那一反應器中獲得約八磅的鈽，要一年半到兩年才能產生投於廣島的那顆原子彈的能所需的鈽。

貝比里特說，中共要多久才能集聚足夠的原子彈，被列入「核子國家」之中，要看中共對於他們的原子計畫作多大的努力。他說：「保守一點說：中共要想儲存到數目尚足重視的原子彈，就需要五年。」但他說：「如果把一切都集中在造原子彈上，中共在三年內可有四十到五十顆低等爆炸力的原子彈。」但這需要建造比北平現有的原子反應器大二十倍的反應器才行，否則，要十年後才能達到這個目標。

中共到底怎麼弄到足夠核爆用的高濃縮原料？是不是他們早在中蘇決裂之前，就已開始囤積同位素，或者是蘭州的氣化擴散場的分離生產作業已進入緊鑼密鼓的階段？推敲之下，後者最有可能，這也是最令人擔憂的一點。

這座氣化工場如果已開始運轉，就意謂著中共可以儲存一定數額的核子原料；不單是能生產高濃縮的鈾—二三五，也可以運用以低濃縮鈾作燃料生產核子武器用的鈽。這正是藉核子反應器生產高品質分裂原料的最有效方式，也是美國人早在二十年前就已採行的方式。中共製造鈾二三五的現有技術，還比此更進一步，可以很快就具製造氫的能力，發展氫彈也不是問題。

位於蘭州的擴散場也就成為偵測目標，而鄰近的包頭也有一座反應器，也被認定是製造鈽的主要工廠。到底這套設備的生產能力如何？U二指揮總部決定一探究竟，遂給U二裝備紅外線夜間攝影設備。這套德州工藝產品精密異常，中情局以美國本土核能原料場生產基準，先設定夜間偵測的參考資料，再將U二拍回來的照片資料作比對，很快就能推估中共核能原料的生產量。

蘭州、包頭都位於黃河流域，距台灣來回近三千一百公里，自從U二加了一些電子輔助器材後，這似乎就已是U二所能飛的最遠距離，也幾乎已到了飛行高度的極限。夜間紅外線攝影器材很快地運到桃園，當時是一九六四年十一月初，中情局經常派駐兩架U二從台灣出任務，其首要目標是蘭州。

一九六六年中期，文化大革命正在中國大陸如火如荼地展開，黑貓中隊飛越的是遍地騷亂的故國山河。當時，毛澤東的紅衛兵正在各地串連，批鬥那些「布爾喬亞反動分子」。這批激進的小將，也拿一大批領導人開刀，其中包括軍中的高級將領。

由於當時中共「總理」周恩來竭力保護那批全心奉獻研究核子武器的科學家，中國大陸核武和導彈的研究發展才沒有停頓下來。

一九六六年五月九日，中共試爆了第三顆原子彈，從十萬呎高空蒐集到的原子塵顯示，其中含有熱核原料。更讓人吃驚的是，中共也在加緊進行洲際飛彈研究，美國情報當局預計，中共不出幾年即可擁有射程達一千公里的洲際飛彈。

從桃園出動的U二偵察機，還拍到大連港船塢上停著一艘正在趕工的蘇聯高爾夫級潛艇，艇上即配備了洲際飛彈。

一九六六年底，中共在羅布泊試爆了第五顆原子彈，次年七月，北平當局又得意揚念地宣布第一顆氫彈也已試爆成功，然而美國情報單位一點也不意外。早在十二天前，莊人亮就已從泰國泰克里基地起飛，到試爆現場繞了兩圈；U二是在死寂的暗夜升空，從西北方向爬升越過緬甸、西藏，到達目的地時正是最適合偵照的清晨，他拍了好些解像清晰的照片，再循原路返航，來回將近九個小時。

在試爆過後，又有一名黑貓中隊隊員深入內陸，偵測蒐集核子落塵樣本帶回美國化驗。蛟龍夫人在這一波接一波羅布泊偵測任務中，都使出了渾身解數，幾乎已達航程的極致；也使得中共在自誇核子武力發展之際，對本身核子機密「開天窗」而懊惱。

第九章　中情局與U二

一、包爾斯疑雲

美國飛行員包爾斯在蘇聯上空被擊落以前，U二高空偵察機可以說是當時最成功的間諜飛機。U二在七萬呎高空攝取的照片可以分辨出一個行人和自行車的不同之處，甚至放養的雞隻都數得出來。它的全波長的無線電紀錄器，錄下數以百萬計的活動。U二每一次出任務所帶回的照片，足讓成千人加班工作幾個星期，這樣的偵測飛行持續了四年，美國當時有百分之九十以上的蘇聯情報是靠U二偵察機弄到的，這也難怪曾經訪問台北的前中央情報局長柯比說，U二高空偵察機是情報技術的一大革新。

這樣的空中蒐集情報高手當然不祇是針對蘇聯而已，範圍更遍及世界各地。一九五八年，印尼向蘇聯靠攏，卡斯楚在古巴掌權，U二偵察機都曾出動打探軍情。早在參與偵察蘇伊士運河危機之前，蚊龍夫人的精敏B型相機已經拍遍了中東地區，敘利亞、伊拉克、約旦、沙烏地阿拉伯都在偵察範圍。一九五九年黎巴嫩出現派系衝突危機，U二也奉派前往；包爾斯在遭擊落前也曾出過一趟最遠的任務，從蘇聯偵照返航還到葉門時轉一圈，偵察當地動亂情況，來回近五千公里。

一九六〇年間，法國暗中幫助以色列在奈及夫沙漠中蓋一座核能研究中心，以色列辯稱那是一家紡織廠，U二弄回來的照片卻不是那麼回事，最後以色列政府勉強同意美國派研究人員到現場查核，這座工廠到底是不是和平用途。

最關鍵的偵測目標當然是對準北極熊。一九五五年的美蘇日內瓦高峰會議上，美國提出「開放天空」的議案，也就是讓雙方的偵察機能穿越對方的領空，相互查核兩邊的武力結構、數量，避免軍力過度擴張造成緊張。蘇聯方面代表認為這個構想還算合理，可是帶回國後赫魯雪夫卻不表同意。

聯合國大會稍後也通過了「開放天空」的議案，蘇聯仍然峻拒，「開放天空」的提議胎死腹中。這時美國中情局、國務院和其他軍方情報機構就開始協商一個穿越「鐵幕」打探情報的可行辦法，中情局把整套構想交給洛克希總公司，還劃了一個偵察機的構想圖，委託「寡言的天才」強森設計，到了一九五六年六月，十架U二就趕造出來，飛行員訓練也已完成，只待白宮方面批准。

當時艾森豪總統對這項高空偵察任務的正當性與安全性也有疑慮，可是經不起分任中情局長、國務卿的杜勒斯兄弟勸說，終於核准了這項偵察計畫，但是規定出任務十天前必須先行報備。

就在美國國慶當天，U二開始了首次穿越蘇聯內陸的偵察任務，選擇莫斯科、列寧格勒和白令海峽幾處要地探察，發現沿線嚴密的防衛系統和一長串重工業設施，令情報分析家眼睛為之一亮。

克里姆林宮的巨頭當然對這種高空偵察機如入無人之境相當懊惱。蘇聯當時對這種高飛七萬二千呎的偵察機實在無能為力，米格廿一攔截機飛不了這麼高，防空高砲也打不著，可是又覺得總得想點辦法才行。

美國情報界人士一開始就預估，U二高空偵察可能有二年的悠閒日子好過，再下去就得發展些電子反制措施，才能在充滿敵意的空層穿進穿出，可是到了一九五八年，蘇聯的防空系統仍然不十分爭氣，薩姆二式地對空飛彈已開始服役，可是雷達追踪的射程系統表現太差，命中率只在百分之二左右，然而中情局還是把它當回事研究對付之道。

中情局早就曉得它的對手透過雷達追踪和其它管道，也清楚U二是怎麼回事，一九五

U二所拍攝蘇聯飛彈基地(下)與機場照片，標的極為清楚，當時美國有百分之九十的蘇聯情報靠U二取得。

八年五月出版的蘇聯航空專業雜誌也專文介紹過U二，可是蘇聯似乎一直有難言之隱，赫魯雪夫在一九五九年訪美時，也未針對U二提出口頭抗議。

原因可能是蘇聯自誇軍力強大吹過了頭，如果自承U二穿越鐵幕這回事，實在相當難堪。美國總統艾森豪根據U二蒐集軍情向國會提交評析報告，遭受各方指責低估蘇聯武力，過度自滿，艾克一度想把U二偵察計畫曝光，替自己觀點辯護，順勢羞辱蘇聯，可是這樣一來，蘇聯勢必傾全力發展防空武器除去U二以絕後患，得失衡量之下，還是決定讓U二隱身。

雖然較美國情報界人士的預期晚了兩年，U二終究躲不過蘇聯薩姆二式飛彈的追殺，包爾斯所駕的U二被擊落，人被生擒，蘇聯累積多年的怨氣總算有機會發洩，大肆抨擊美國的不是。

包爾斯出事的這趟任務剛開始就有爭議，白宮巨頭召開審查會時，就有人提出五月中赫魯雪夫就要參加巴黎舉行的列強高峰會議，恐不宜在五月一日出勤以免橫生枝節，但是當時軍方急於探知SS六洲際飛彈的布防狀況，再晚天氣恐怕就不適合出任務，誰知就此出岔。

一九六〇年五月一日，包爾斯駕著U二偵察機，從巴基斯坦貝沙瓦起飛，深入蘇聯偵測，但才飛了三個小時廿七分鐘就被擊落，機體自巡航高度掉落到一萬五千呎，包爾斯才跳傘，落地後迅即被押到莫斯科，由格別烏輪番拷問。

U二掉落後殘骸散布很廣，部分保持大塊，蘇聯很快就將它拼湊成形，公開展示，以

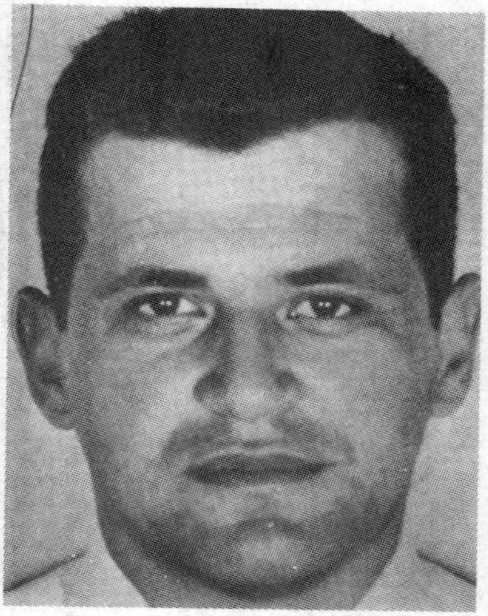

包爾斯（上右）遭擊落的U二殘骸，蘇聯公開展示，羞辱美國。

當時美國總統，艾森豪（上左）跟中情局長說：「我不能說我不知道這件事情。」

"All the News That's Fit to Print"

The New York Times.

LATE CITY EDITION

NEW YORK, SUNDAY, MAY 8, 1960. TWENTY-FIVE CENTS

U. S. CONCEDES FLIGHT OVER SOVIET, DEFENDS SEARCH FOR INTELLIGENCE; RUSSIANS HOLD DOWNED PILOT AS SPY

JOHNSON ARRIVES IN WEST VIRGINIA AS CLIMAX NEARS

Texan Declines to Choose Between Humphrey and Kennedy in Primary

VOTE DRIVES WINDING UP

City of Clarksburg Invaded by Politicians, High School Bands and Rotarians

Nixon Shifts Tactics To Combat Kennedy

N.A.A.C.P. TO FIGHT CURBS AT BEACHES

Plans 'Wade-in' Campaign at Tax-Maintained Resorts From Jersey to Texas

LONDON TROUBLED

Fears That U.S. Stance for Summit Parley Will Be Injured

'CONFESSION' CITED

Khrushchev Charges Jet Was 1,200 Miles From the Border

ACTION EXPLAINED

Officials Say Danger of Surprise Attack Forces Watch

VOROSHILOV QUITS AS CHIEF OF STATE

Brezhnev, Khrushchev Aide, Rising in Party Councils, Succeeds Marshal, 79

Underground Atom Blasts Set by U.S. to Aid Detection

INTELLIGENCE ACTS ADMITTED BY U.S.

Both Soviet and American Efforts in Field Cited in Statement on Plane

DERBY CAPTURED BY VENETIAN WAY

John Reed Kilpatrick, 70, Dies; Headed Madison Square Garden

Cuba Is Exchanging Envoys With Soviet

Today's Sections

Index to Subjects

一九六〇年五月八日，《紐約時報》頭版刊登蘇聯頭子赫魯雪夫在聯大抨擊美國U二偵察的侵略行爲。中共的宣傳攻勢也是採同一模式。

包爾斯所駕的U二就是準備偵察這種SS6飛彈而遭擊落。

羞辱美國。同年八月，包爾斯在一場作秀式的公審中被蘇聯最高法院判處十年重刑。

包爾斯事件迅速演變成一場世界危機，蘇聯頭子赫魯雪夫為此在巴黎和會上拂袖而去。蘇聯傳聲筒也利用U二事件大作文章，藉機抨擊美國。然而美國太空總署已經擬好一套說詞，說U二是從事氣象偵測進行時迷航，飛行員還報告「氧氣設備出了問題」。

美國的掩飾之詞遭赫魯雪夫抨擊為「一派胡言」，美國政府高層人士在一陣子掙扎之後，終於由艾森豪總統公開承認，是他核准U二在蘇聯上空從事偵察飛行。這實在是史無前例，也是美國自招在蘇聯領空大搞間諜活動。

艾森豪為此也取消他的莫斯科之行，東西冷戰再起，而且包爾斯已被判十年重刑。一直到一九六二年二月，美蘇才在柏林演出一場舉世注目的換俘事件，包爾斯於當時獲釋，交換條件是放回蘇聯情報天王阿貝爾。

換俘並沒有引起爭議，倒是U二偵察機到底是如何被擊落，一直眾說紛紜，也摻雜了許多猜疑、誤解和困惑。當時華府記者都想挖這個故事，卻找不出幾位專家來評述美蘇雙方的說詞到底有幾分真實性；而美國政府和國會的要員也有同樣的挫折感。

包爾斯獲釋後，曾接受中情局專案小組反覆查詢；他自己八年後也出專書，自述整個事件。但是，這件全世界首樁U二遭擊落的事件，內情仍籠罩一團迷霧。

到底U二是怎麼被打下來的，包爾斯又何以能夠倖存？當時很難論斷中情局是否有意隱瞞真相，他們一開始給外界塑造的印象是，U二偵察機和飛行員落地必然粉身碎骨，難以辨認，所以不必擔心有什麼後遺症。

當時即使總統也相信這種說法。艾森豪後來堅稱屬下曾呈報過U二上有自動毀損裝置，一出事就會爆炸了斷不留痕跡。中情局長杜勒斯所作偵察任務簡報給他的印象是，即使U二被打下來，飛行員不可能留活口。其實，這種說法在當時誰也沒有把握。

U二偵察機上最初的毀損裝置，是一包兩磅半的高性能炸藥，就插放在機尾的壁艙內，飛行員在逃離座艙前，可以設定七十秒延緩爆炸開關。這種自動引爆裝置的威力，足以將照相器材和相關設備炸得七零八落，可是還沒辦法將整架飛機毀掉。也已有證據顯示，U二在飛行員棄機逃生之後，機體自高空下墜仍能維持一兩大塊成形落地，並未完全碎裂。

飛行員跟著U二自高空下墜後，中情局早已將他的脫身存活機率估算在內，座艙下也都附將一套求生背囊，以便陷入敵境時應急，其中包括了七千五百盧布、廿四枚金幣，還寫下蘇聯境內十四種語言，聲明只要能帶U二飛行員，就能得到重賞回報。包爾斯還暗藏著一小粒毒藥，以便萬一被俘遭酷刑折磨時，可選擇自殺一途。

U二型偵察機遭擊落，迫使這段高空歷險故事公開後，新聞圈就開始編造些千奇百怪的說法，說什麼只要包爾斯一碰引爆裝置，馬上就會跟飛機同歸於盡，還說包爾斯受命不管在何種情況下被俘，都得服毒自殺，然而這些都是胡扯淡。

包爾斯接受格別烏審訊時，採用一種變通的策略，凡是自認為騙不過的就從實招供，有把握對方查不到的就打馬虎眼矇混過關，他說這是保留U二偵察機機密的有效辦法。

可是包爾斯回國後，接受中情局安全調查訊問的供詞，仍然有不少疑點一直無法澄清。當時也有許多人認為他的降敵不值得原諒，也不應該發給他五萬兩千美元的補償金。這些人所以會有這種不當的看法，主要源於他們對U二偵察任務不了解。

U二偵察機在重創墜落，在天旋地轉、千鈞一髮的情況下，要求飛行員找到自動引爆把手，設定好裝置再拉開關，委實有點不可能。任務指令要求被俘後立即服毒自殺，也沒有這回事。至於說是向敵方招供有關U二偵察作業過程，那也是迫於情勢，而且盡可能保留：更何況，飛行員所招其實也相當有限。

包爾斯在U二偵察機失事後的際遇還算幸運，他並沒有在獄中吃太長的苦頭，就以換俘方式被接回美國。他雖然也飽受一些質疑和不諒解，但總算得到人道的待遇。在事件平息八年後，他還寫自傳替自己的所作所為極力辯護，總算是雨後天青，名利雙收。

但是，到底U二是怎麼被打下來的，至今仍然弄不明白，包爾斯始終堅持他是飛到巡航高度突然發現「後方情況有異」，接著就「聽到一聲巨響發現有一股橘色硝煙」。U二設計人強森詳細查驗了翻拍的蘇聯展示的殘骸照片，認定包爾斯的確是遭到薩姆二式飛彈截擊，可能是在水平尾翼爆炸後失衡下墜。

包爾斯在自傳中也不斷重覆提及：「U二的引擎並未故障，也沒有熄火的問題。我在訓練飛行是碰過幾次高空熄火的問題，可是出事時的情況不一樣，我也沒有降到三萬呎左右。不管怎麼說，我一直是維持在巡航的高度。」

但是，包爾斯私底下向他的密友透露，他所駕駛的U二的確有熄火，降到下方空層沒多久就出了問題。另一位中情局約聘的飛行員也聽說，包爾斯出事前是把U二降到四萬五千呎準備重新點火不成，再降到四萬呎左右時被擊中，至於強森所證實遭薩姆二式擊中的說法也不無可能，只是無法確認高度而已。

根據一九六五年出版的《彭考夫斯基報告》引述向西方投誠的蘇聯諜報員彭考夫斯基的說法，包爾斯的確是被十四枚薩姆二式飛彈擊落的，這些地對空飛彈快得像連珠砲，所產生的震幅造成U二結構體受損而下墜，蘇聯軍方事後調查發現，U二並未遭到散彈片擊中，倒是有一架緊盯U二的米格十九戰機遭到池魚之殃，被薩姆二式飛彈打得粉碎。

有一種蘇聯內部傳出的「陰謀論」是說赫魯雪夫下令KGB，務必弄一架U二下來，當時KGB就選訓了一位阿富汗飛行員穆罕默德，秘密潛入巴基斯坦貝沙瓦基地，在包爾斯所駕的U二偵察機上暗動手腳，終能生俘包爾斯羞辱美國。

穆罕默德是把一根KGB提供磁性極強的鋼絲，插進高度儀，吸住儀表內鋼質指針。高度儀根據大氣的壓力作出反應，氣壓愈低，高度愈高，在磁性鋼絲的干擾下，高度儀標示雖已上了六、七萬呎，實際的高度可能不到四萬呎，也因此成了飛彈與米格機的獵殺目標。

KGB傳出的這套說法當然也不無可能，根據包爾斯的供詞，U二偵察機上天不久自動導航系統就故障，他冒險繼續偵察任務，最後終於出了事。很有可能自動導航系統跟高度儀等都已遭到破壞。

另外一套「陰謀論」來自美國政府內部。有些情報界人士認為，美國有人可能故意讓包爾斯失足，使整套U二偵察任務曝光，達成對蘇聯的威嚇作用。這種「陰謀論」的可能性甚低，很可能是有心人放出的空氣。

二、「官方」與「民間」爭功

U二偵察任務的原始構想來自中情局，可是後來中情局跟空軍之間為了出U二勤務爭功弄得不太愉快，關鍵在於所謂的「較說得通的否認理論」，也就是說中情局發動的任務萬一失手，美國政府可以對外宣稱是「民間」的「氣象偵察機」，跟官方無任何瓜葛，萬一是空軍方面出勤出了問題，可能被解釋成「挑釁」的行動，想編個理由迴避都很難，所以一開始都是由中情局出面發動。

等到包爾斯出事後，華府自然會有一批人等著看戲，面對各界湧至的指責，他們要看中情局如何排解。當時中情局長杜勒斯請見艾森豪總統，向他建議說：「現在你只要說，你對U二偵察活動毫無所悉，全是我的過失，然後我就為派機偵察蘇聯引咎辭職，外界壓力就會排除。」

艾森豪並沒有接納杜勒斯的建議：「我不能這麼做。如果我說我對U二偵察任務這麼重要的事都不知道，我等於說我沒有盡到領導政府的職責。我不能說不知道。」艾森豪最後公開坦承U二任務是由他親自指派的。

U二穿越蘇聯領空的偵察任務收場後，中情局搞得焦頭爛額，可是苦頭還有得吃。原先U二偵察機蒐集蘇聯情報的份量幾乎佔所有情報的九成，沒有蛟龍夫人可用，美國情報系統一時手足無措，一直到後來太空衛星偵測上軌道，才逐漸恢復正常。

這段期間，中情局利用U二蒐集情報的活動並未停止，最後總算在古巴飛彈危機事件上扳回一城，讓外界刮目相看。一九六二年八月廿九日，中情局派遣的U二偵察機飛越古巴上空偵照，照片中顯示哈瓦那郊外停放著一些形狀怪異的物體，情報專家解析後很快就推斷那是部署中的帶有核子彈頭的飛彈。蘇聯頭子赫魯雪夫正準備一場秘密、瘋狂的賭博，讓美國籠罩在核子威脅之下。當時一個投誠的蘇聯間諜提供的情報也證實了這項研判。

中情局呈報甘迺迪總統：「這批飛彈正在部署，美國只有十天到兩週的時間和蘇聯談判，或是在必要時攻擊這些設施，否則他們將完成攻擊美國的戰備。」

就在這個緊要的關頭，有一架偵測蘇聯核子試爆落塵的U二誤闖蘇聯領空，遭到一群米格機追擊，另一架安德森上尉駕駛的U二則在古巴上空被薩姆二式飛彈擊落。當時蘇聯誤會這可能是美國在進攻它的本土之前最後一次的U二偵察任務。

赫魯雪夫擬了一封措施強硬的信：「這次U二任務純然是一項挑釁……特別是在這個備戰的緊要關頭……。」美國總統甘迺迪趕快回覆解釋當時的情況是……「……一項嚴重的航程失誤，……我很遺憾出現這樣的失誤；這架U二是在阿拉斯加上空蒐集核子落塵，並無敵意。」私底下這位年少氣盛的總統可沒有這麼客套，他那句罵人的話至今還傳誦一時：「總是有些婊子搞不清楚是什麼意思！」

所幸在安德森被擊落後不到廿四小時，赫魯雪夫透過莫斯科電台宣布，撤走古巴飛彈基地，全世界才鬆了一口氣。

三、重開天窗

美國總統甘迺迪在就職後，重申他的前任艾森豪所保證過的，即美國不再派人駕機深入蘇聯領空偵察。這項保證很技巧地將衛星偵測排除在外，也沒有指明美國不派飛機偵測其他共產集團國家。

中國大陸自然成了下一個空中偵測的目標，華府情報單位急於得知「竹幕」內的動態，特別是中蘇共分裂之後，中共是否會加速自行發展核子武器計畫。

儘管中共一再表示無此意圖，但是中共急於搞個原子彈的跡象卻愈來愈明。早在一九五九年中蘇共一再齟齬之前，中共就已有自力發展核子武器生產計畫，當然它也包括洲際飛彈的投擲系統。

當時，台灣是美國在亞洲太平洋地區情報蒐集最重要的一環，特別是對中國大陸電子情報的蒐集，非得倚賴中華民國不可。美國海軍後勤通訊中心（NACC），就是那時的駐台情報總部，奉命與台灣情報單位合作偵測中國大陸及西太平洋地區情報。一九五六年十月，杜勒斯在環球視察中情局海外單位時，對與台灣共同合作的情報作業印象極深刻。

五〇年代末期，中情局大部分是仰賴飛機以及截獲的電子訊號來收集情報。美國提供裝備給經過特別訓練的中華民國飛行員及無線電操作員，冒死以低空飛越中國大陸，紀錄下中共雷達的訊號以及想擊落我方飛機的軍事武器位置。執行這種任務，讓後勤指揮人員在無線電台中提心吊膽，但所收集的電子訊號，頗為豐富。

早期中情局靠的是RB五十七偵察機與有「空中電子試驗室」之稱的P2V偵察台海情勢，後來對外宣稱皆是由洛克希德公司賣給中華民國，其實是由中情局在幕後策劃。

U二的高空偵察作業基本上也是採同樣的模式。一九五八年台海情勢緊張期間，中情

蔣經國夫婦宴請黑貓中隊隊員眷屬，中情局駐桃園基地人員也獲邀參加。

局派遣的飛行員就曾深入中國大陸三次，瞭解中國大陸沿海，特別是金馬對岸軍事動態，後來中情局決定還是選訓中華民國飛行員來飛。

中情局當時堅稱，美國亟需中國大陸西北核子設施和飛彈發展情報，而中共的防空系統還十分薄弱，可能只有幾枚俄製地對空飛彈，U二偵察機會有數年安全期間可以飛。更何況，中華民國願意提供經驗豐富的飛行員，也樂意承擔一切責任，只要美國能夠提供裝備。

這也就是為何美國利用U二在蘇聯上空展開偵測活動三年後，也想到利用中華民國空軍飛行員，代為刺探中國大陸軍事發展動態。進行這項合作計畫時，選訓飛行員的過程相當順利，等到準備開始執行時，卻發生轟動一時的包爾斯遭擊落事件，美國政府一度相當遲疑，黑貓中隊的任務為此延後半年。

當時中情局駐台辦事處主任克萊恩為此奔回華府，向中情局、國防防部、白宮方面遊說，避免這項合作計畫流產，可是在官僚體系中，又沒有人肯負這個責任；最後由甘迺迪總統點頭同意，蛟龍夫人才得以從桃園上天。

U二偵察機一飛沖天之後，的確使美國「如見天日」，逐步掌握了中共核子武器與洲際飛彈的發展，它配合太空衛星的偵測，等於在中國大陸上空「打開天窗」，對美國在亞洲太平洋戰略的部署助益甚大，也是美國後來與中共談判的重要籌碼。

第十章　轉換基地

一、印度之旅

蛟龍夫人的偵測目標一開始就圍著鐵幕打轉，而蘇聯版圖又如此遼闊，中情局勢必要在外圍國家尋找同意U二偵察機起降的基地，這樣一來就得同意共同分享獲取的情報，也就很難做到完全保密，而對方因為忌諱蘇聯在事情曝光之後的反應，通常也要求美方偵測任務機動調防，最好能夠不留痕跡。

從一九五七年開始，中情局就找到了伊朗米塞德、薩伊登和拉荷等偏遠地區機場，另外也找了巴基斯坦的貝沙瓦和挪威的勃多等基地，還有稍早運用德國法蘭克福附近緊鄰中情局歐洲情報站的小機場，以及英國古恩湖的空軍基地，都有U二的起降紀錄。

通常蛟龍夫人是從巴基斯坦貝沙瓦或伊朗、土耳其的基地起飛完成蘇聯本土的偵測任務後，回程返航則停降在挪威或英、德基地。這些國家其實跟美國早有情報合作計畫，像是電子通訊的監聽站這一類活動，但是還是以U二偵察任務最敏感，深怕惹北極熊發火。所以美方也事先言明，萬一任務曝光，地主國可以誑稱是美國在未經同意之下搶用基地，以減少地主國的壓力。

這種彈性轉換基地的方式常隨著事件而定。一九五八年九月，跡象顯示蘇聯準備在北極從事核子試爆，蛟龍夫人就急調由挪威勃多出動，日夜不停地在高空中蒐集核子落塵樣本，回程返航土耳其基地途中，偶而也沿途蒐集電子情報，另外還從日本神奈川縣的厚木機場起飛，偵測西伯利亞核子試爆，同時也順便打探海參崴一帶蘇聯在遠東地區軍事部署動態。

中情局為了維護U二偵察任務的機密，也曾使出一些非常的手段。一九五九年秋，一個日本少年溜進厚木機場，想拍幾張蛟龍夫人的相片售給報章雜誌。第二天晚上，就被發現溺斃，據說是遭人拖下水的。

但是，人算不如天算，蛟龍夫人的身影還是曝了光。有一次U二出任務返航時油料用盡，緊急迫降在厚木基地附近小機場，衝出跑道陷入草叢中，不到一分鐘四周已有大批民眾圍觀，擋不住總有人帶著相機，第二天，日本報紙就出現了「黑天使墜地」的巨幅照片。

「黑天使」出岔的圖文故事見報之後，日本民眾不禁懷疑，這種號稱氣象偵察飛機一定另有名堂，否則幹嘛落地現場戒備森嚴，是不是有些「見不得人」的秘密。

同樣的情形也發生在英國。當一位莽撞的小子衝進古恩湖附近拉肯赫斯機場企圖拍照時，當場就被機棚外的安全警衛幹掉了。

桃園黑貓中隊的基地更不用說，幾層警衛關卡，團團圍住日據時代留下來的木造機棚，U二偵測任務的戰情簡報室連基地聯隊長都近不了身，就更甭說是一般民眾了。

U二的高空偵察任務不祇是深入中國內陸，有時也會在沿海地區打轉，偵測對岸的軍事部署動態；開始的那一陣子每月平均有三次內陸偵察任務。U二出勤就像利箭直射西北，回程經雲南上空再折回桃園基地。

比較麻煩的是，這類偵測目標遠離台灣三、四千公里，長程高空偵測飛行已到了U二飛機和飛行員所能忍受的極限，出任務極為艱險，這也不同於以往邊界偵測飛行，或偶一為之的奇襲；萬一路途上發生機械故障，根本是求救無門，也不可能迫降到鄰近的友邦或返航桃園。

由於中國大陸西北地區的偵測目標偏遠，迫使中情局考慮到中國大陸周圍友邦找U二的起降基地，以利於偵察飛行。只是美籍飛行員包爾斯駕U二在蘇聯上空遭擊落後，美蘇掀起新的冷戰，許多國家都不願意捲進這類外交紛爭，要找U二基地真是比上天還難。

由於轉換基地困難，美國一度考慮讓黑貓中隊由公海中航空母艦上起飛。

黑貓中隊轉換過的海外基地包括韓國昆山、菲律賓庫比角與泰國泰克里
這樣出任務到蘭州、包頭、羅布泊的確近些。

U二通常一飛近大陸沿岸準備「穿幕」之前，就得爬升到最高點，以減低地對空的威脅，這對「蛟龍夫人」和飛行員都是極大的考驗。而且中共核試的地點偏遠，偵測面愈來愈廣，單從台灣起飛已經很難照應。

攤開地圖來看，巴基斯坦的貝沙瓦基地是最佳的轉換地點，它不只較靠近偵測目標，而且飛越的是喜馬拉雅山這條航路，中共的雷達未必能追踪這麼遠。這個地點雖然不錯，政治現實卻不能配合。因為巴基斯坦在一九六〇年U二飛行員包爾斯被俘事件中，就被捲進美蘇紛爭中，避之唯恐不及，再加上正力圖跟中共改善關係，絕無可能再答應「蛟龍夫人」光臨。

緊鄰巴基斯坦的印度倒是很有可能。印度與中共一直處不好，在一九六二年十月間，印度與中國大陸的邊界還爆發過嚴重的衝突事件，至今仍然時有爭執，邊界流血衝突隨時有可能再起。

一九六二年那一場流血衝突，印度打得十分狼狽，乃轉向西方求助，不只向英國乞援，也向華府示意。美國迅速運交一批空降武器裝備到新德里，還答應協助印度在邊界加裝雷達監控系統。

印度與美國即使有了軍事合作關係，印度還是公開宣布它的不結盟政策，同時也向莫斯科採購武器以表態。美國中情局適時建議利用印度北部一處空軍基地供U二起降，這樣一來，偵照新疆核試基地就不那麼吃力，同時也可以拍些西藏邊區軍事部署供印度方面參考，可以說是兩蒙其利。

整套計畫經白宮核准，卻卡在你來我往的談判枝節上，印度甚且要求美方撥給一中隊的F一〇四戰機。一九六四年春，協議還是達成了，印度把東岸靠近科卡附近的戰時基地交由美方使用，但是雙方都希望在這個名叫查巴希基地部署的U二，行動能夠保密。在談判期間，一架U二偵察機和美籍飛行員，早已由美國本土基地飛到菲律賓庫比角待命，在等候數周之後，終於核准進駐印度基地。

「蛟龍夫人」從印度基地出勤大概只有兩三回，印度政府拿到了邊界中共軍事部署的最新動態，美國情報單位也如願以償得到的羅布泊的照片。

「世界屋脊」景色真是壯觀，U二偵察機有一回特地飛經拉薩，結果拍回的布達拉宮照片美不勝收。而羅布泊核子設施位於一處一千兩百公尺高的高原上，試爆場址則在一個六百公尺深、卅公里寬的窪地內，中共在該地搭建了一座試爆高塔，左右還有一些相關的設施，但看不出有試爆的跡象。

從印度出發的U二偵測任務，中情局仍維持一貫的低姿態作法——迅速部署U二和運送飛機，任務一結束即收拾好東西趕緊離開。「蛟龍夫人」在印度大陸的空中歷險一開始就不太順利，第一次出任務回來飛機就衝出跑道；基地老舊磚頭舖設的跑道中央有些地方突起，起降本就不順，而基地外頭接近人口聚居地區，落地時更不容許出狀況，以免曝光。

中情局在第一次任務時，特別挑個經驗最豐富的飛行員來飛；上天的任務倒還順利，落地之後機身卻激烈搖擺打轉，連煞車系統都失靈，等衝到跑道突起部位之後，飛機又歪轉向另一方。飛行員盡力維持機翼平衡無效，這架U二衝出跑道後，急速陷進汙泥裡。飛行員並沒有受傷，照相裝備也保住了，可是飛機卻需解體送回美國交給「臭鼬小組」整修重組，「蛟龍夫人」的印度之旅也就突然叫停。

U二多出的秘密勤務，使得中情局的U二飛行員變得異常忙碌，人員也調派不開來，於是早期完訓的飛行員又奉召歸隊，中情局並召訓新人遞補，中華民國空軍卅五黑貓中隊逐漸成了U二偵察飛行的主力。

二、夏威夷來客

一九六四年九月，黑貓中隊飛行員在美方情商之下，借調到泰國泰克里空軍基地出任務。當時越戰打得正熱，美國希望能多掌握中共運補軍援越共的動態。華府擔心中共可能投入越戰，美國就怕中共會出其不意，再來一次像韓戰那樣的「抗美援朝」。美國戰略空軍總部的U二偵察單位，就從邊和基地起飛偵測中南半島，同時也派了一些無人駕駛偵察機上天，但是華華盛頓當局下令，只能讓中情局策動的U二偵察機穿越竹幕。

中共援助越共和北越的行動，成了「蛟龍夫人」偵測的首要目標，桃園黑貓中隊部分隊員也隨即暫駐泰國泰克里基地待命，除了偵測中國大陸南方各省鐵路、機場設施外，還兼帶訓練飛行。沒出幾個月，原本冷寂無人的泰克里基地，擠進了一大批美國人。

早在U二進駐之前，泰克里就已經是F一〇五戰機進襲北越的基地，中情局並告訴楊世駒和其他黑貓中隊隊員，不要暴露真實身分，如果有人問起，就說是夏威夷來的飛行員，是替美國航空公司工作。黑貓隊員有的是時間在飛官俱樂部，跟那些F一〇五飛行員扯淡，那時想必沒有人會相信他們編造的那套夏威夷故事。

目前擔任華航聯合管制中心副主任的王太佑回憶當時的情形說，那時出勤的黑貓隊員就住在基地旁邊的拖車廂房待命，生活較為單調，美方地勤人員沒事就往基地酒吧喝酒閒扯，我方隊員基於保密心結比較放不開。不過，每隔一段時間，美方總會安排大夥兒到曼谷去輕鬆一下，由中情局安全官帶隊，大家身上都沒有身分證明文件，一切吃住娛樂也全由美方安排。

這種單調等待的日子很不好捱，所以黑貓隊員並不是很樂意離開桃園老窩。但是，後來的偵察勤務往返就比較有彈性，有時候從桃園出發時，返航可以選擇在泰國泰克里落地，有時降到韓國昆山基地，也有一陣子因台灣海峽上空「惡劣的空層」作祟，還轉到菲律賓庫比角基地停駐，以避開惱人的熄火問題。

從泰國、菲律賓出發的任務有大部分是在中國大陸西南方打轉，特別是緊盯中國大陸跟越南交界的省份，查核軍事裝備從「胡志明小徑」運補的情況。這些任務性質多少已經逾越當時中美雙方合議的範圍，但由於中情局跟中華民國空軍的合作不單限於現役飛行員的U二偵察任務，還包括由空軍退役飛行員參與的包機業務，由中情局包租這些由退役飛官駕駛的飛機在越南戰場從事空投補給任務，雙方合作關係也就具有互補作用，不那麼計較是否跟原先設定的內容相符。

不過，原則上黑貓中隊隊員並不參與越南上空或外海的偵照任務，而是由中情局飛行員或越南空軍選訓的U二飛行員執行勤務。

早在一九六三年後，美國總統詹森就已批准U二在越南的偵察任務。美國戰略空軍總部給它取的代號叫「幸運蛟龍」，基地就設在離西貢不遠的邊和，還從夏威夷和關島調來四架U二進駐基地。在這之前，中情局只是偶爾由桃園調飛U二到北越上空打個轉，並沒有全面對越南、高棉、寮國邊界的北越運補路線作有系統的偵照。

等到美國以艦艇在東京灣遭到北越魚雷快艇攻擊為由全面介入越戰後，B五十七轟炸機也開始進駐邊和，情況就有了改變。北越也開始建立防空武力，弄到一些俄援的米格十五和十七，蛟龍夫人就不能再像以前那樣低飛，開始得提升到五、六萬呎的空層才比較保險。

一九六四年十一月間，越共曾經滲透進基地外圍，用迫擊砲轟擊機場內戰機，結果有五架B五十七轟炸機受損，「幸運蛟龍」卻逃過一劫。到了六五年四月，U二已經偵察出北越河內、海防四周部署有薩姆二式飛彈基地，到了七月廿四日，第一架F４幽靈式戰鬥機在兩萬呎高空被地對空飛彈擊落。

在這之前不久，在海防上空偵察的「幸運蛟龍」也差點橫遭不幸，當時中情局派遣飛行員愛德華上尉正準備迴轉一百一十度掉頭返航，他查覺西邊雲層籠罩乃決定右轉，銜接原排定的飛航路線，開始右轉才驚覺左翼有薩姆二式飛彈掠過，如果他轉錯邊，可能就會踏上黃泉路。

到了一九六五年底，海防、河內一直到中國大陸邊境鐵路沿線總共部署了六十五處飛彈基地，而且米格廿一也開始進場防衛，如果它有意攀高一搏，對當時毫無空中報警能力的U二A是一大威脅。

「幸運蛟龍」的偵照任務就在空防嚴密的北越上空打轉，偶爾還得在東京灣上做一點電子情報任務，由於飛得比黑貓中隊的蛟龍夫人低幾千呎，幸運蛟龍出任務有時還得靠幽靈式戰鬥機護駕，以免遭到米格廿一的獵殺。

在越南邊和基地，U二偵察飛行配合不同性質的任務，也換了個名字，由原先的「幸運蛟龍」改為「特洛伊屠城木馬」，雖然它滲透敵人陣地的意志未變，但是那些隱身的工作人員顯然並不滿意代號的更換，稍後，聯隊編號也整個變過，「幸運蛟龍」也成了歷史，新成立的一〇〇支隊隊徽是一對狂暴的雄獅，但是有些單位仍然極力保留寶貝蛟龍的黑騎士的臂章。

U二偵察飛行改成OL—二〇代號後，就一直在空防嚴密的北越執行偵察照相任務，一九六六年下半年美軍戰鬥機也比照U二配備了反制薩姆飛彈射控的十三號系統，比桃園黑貓中隊引進這套系統差不多晚了一年半。

一九六六年十月八日，越南空軍一位廖姓少校駕駛的U二偵察機返航邊和基地時失事墜毀。他的座機在北越上空出任務時，就遭遇嚴密炮火轟擊，下降潛逃時又超速，啟用自動導航無效，即使拉了煞車放下起落架，飛機還是急速下墜，迫不得已只好跳傘逃生，搜救直升機在離邊和基地不遠的叢林接回了廖少校。這是一〇〇支隊新成立以來，蛟龍夫人首度在東南亞失足。

失事的飛機殘骸確認之後，OL—二〇專案中心官員會同一支特種部隊馳赴現場，監督引爆殘骸。可是機身尾端部分始終遍尋不著，珍貴的十三號系統去向成謎。

這套特異的電子系統如果落入敵人手中，麻煩可就大了，這也就是為什麼十三號系統的電路，都要加裝一套電池充電的自動引爆裝置。可是廖少校駕駛的這架U二，就沒配進這套裝置，因為技術手冊還沒有加進這些資料，修護保養技術術人員也不願意負責記載操作細節，深怕弄壞了這套珍貴器材。

為了尋找尾端殘骸，一架U二受命升空，在廖少校跳傘地點附近作低空照相偵測，可是徒勞無功；另一批RF一〇一偵察機緊跟著再作低空斜面偵照，然而仍無所獲。最後，八名美軍特種部隊搭配一百廿名越軍，由直升機載送至失事地點，再作大規模的地毯式搜索。他們在茂密叢林中摸索三天三夜之後，總算找回了那具「黑盒子」，整個OL—二〇專案中心才鬆了一口氣。

黑貓中隊轉換到海外基地時也出過這類意外，一架蛟龍夫人深入中國大陸偵察，返航泰國泰克里基地時因油料用罄，迫降衝入跑道外的水田裡。另一次，黑貓中隊隊長楊世駒由韓國昆山基地出發到佳木斯、齊齊哈爾偵察重工業設施，夜間返航時已經較預訂時間晚半個鐘頭，迫降時因機場導航燈不夠完善，衝出跑道幸未受傷。

桃園黑貓隊員轉換到韓國昆山出任務，通常是兩人一組，隊員由美方地勤人員陪同，搭上兩架C一三〇大力士型運輸機出發，蛟龍夫人則是按慣例，由美國飛行員摸黑飛過去；途中航行高度一直保持在四萬呎上下，讓中共雷達誤以為那是一架民航機，而非高飛的間諜飛機。

黑貓中隊這種轉換基地作業需要精心策劃，嚴格控制作業流程，通常有兩組人馬支援，一組是包括飛航情報提示的心理支援小組，另一組是地勤維修人員，外加待命的飛行員，剛好坐滿兩部廂型車送上大力士運輸機，另一架大力士則載著六十桶五十五加侖裝的專用油料。

如果穿幕行動是從桃園出發，經由泰國或韓國返航，中情局地勤人員則需搭運輸機前往約定地點接機。等蛟龍夫人一落地，卸下偵測裝備膠卷後，就由替代的隊員將U二飛回桃園，緊跟著地勤人員也迅即收拾好東西撤離，回收作業總是在幾小時內完成，盡可能不留痕跡。但是，如果情況有需要，轉換基地作業也可能待上一、兩個星期。

最怕的是碰到氣候狀況突變、飛行員身體不適或U二電子儀器故障等問題，任務臨時取消，大力士運輸機載著大批人馬徒勞往返最是挫折士氣。

一九六八年以後，黑貓中隊停止穿越竹幕的偵測任務，改在中國大陸沿海打探之後，用的又是續航力達十四小時的U二R，也就不必大費周章的玩轉換基地的遊戲。

第十一章　蛟龍夫人的三角關係

一、反攻的先鋒

一九六三年間，當年參與籌劃中美合作高空偵察任務的衣復恩應邀訪問設在美國內布拉斯加州奧瑪哈的美國戰略空軍總部，等他搭電梯下到地下幾層的司令部，目睹美國全球戰略部署指揮操作時，才真正體驗到U二飛行員出生入死的代價所在。在該處，中國大陸所有重要軍事部署，全部在顯示幕上定位得很清楚，戰略空軍一有狀況隨時待命出擊時採用的指示目標，就是U二弄回來的珍貴照片。

U二偵察機腹下開著數個窗孔，供作高空攝取地面設施之用。此外還裝有精巧的按鈕記錄系統，只要撳下電鈕，即可利用雷達將飛經的地形錄在膠帶上，然後將此膠帶裝進核子彈頭的飛彈導航系統裡，這樣一來飛彈一經射出，除非中途被擊落，就會毫髮不爽的命中目標。

U二飛機純然是六〇年代冷戰時代的產物，美國空軍和中央情報局亟需這種戰略偵察機，可以突破敵方防空武器，拍攝高感度的偵察照片。美國軍方就運用U二穿越蘇聯領空蒐集戰略部署情報。

當時，中、蘇共已出現不和的徵兆，美國亟思掌握中共自力發展核子武器和長程彈道飛彈的情報，乃由中央情報局出面組訓中華民國空軍飛行員，駕駛由美方提供的U二高空偵測機深入中國大陸偵察，對外則聲稱是由我方向美國洛克德公司採購的。

這項由美國戰略空軍總部指定的高空偵察勤務，有時候也得配合我方的要求加進一些偵照目標；但是整體而言，這類情報對美國在太平洋戰略部署考量的幫助，可能遠大於我方依合同分享的對大陸軍事發展動態的掌握①。

黑貓中隊飛行員駕駛U二高空偵察避免遭受米格機攔截和防空飛彈攻擊的戰術，為美國空軍日後改良電子反制設備和偵照技術提供了寶貴經驗。U二除了配備精密空照設備，機頭部位還有一具巧妙的錄音座，可以截錄卅六種不同頻道的情報。這一波接一波的「穿幕」行動，也使外界能突破中共的層層封鎖，掌握中國大陸一些動態。特別是在一九六六

黑貓中隊後期隊員合影留念，當時飛行已經改著先進的壓力衣，任務風險也已降低。

蔣經國與中情局派駐桃園基地的「經理」晤談。

當年中美合作的U二偵察任務被視爲兩國結盟的重要象徵。

年「文化大革命」開始之後，許多西方外交官陸續撤離動亂的中國，情報蒐集更形困難，U二的高空活動多少填補一些在這方面的真空。

由於美方在情報方面斬獲甚多，中情局在人員、經費支援方面因此相當大方，也有意比照美籍飛行員撥放兩千五百美元危險加給給中華民國飛行員，由於蔣公不願中情局「涉入」太深而作罷。美方除了提供人員、器材支援偵察任務之外，我方很少開口提經費支援的問題，只有一次例外。

那是陳懷生所駕U二偵察機為國殉難事跡公開後，台灣各界發起一連串追思活動，台北市仁愛路空軍總部旁的小學也改名為「懷生」，同時發動捐款蓋一座紀念禮堂。衣復恩向美方表示，陳懷生執行偵測任務失事，美方應該表現一點心意，中情局爽快答應支援新台幣一百多萬元的工程款。

在其他軍援項目方面，外傳我方靠著中美合作的U二偵察任務，換取許多實質的利益，則並不確實；美國對於我們所提的一些要求採取「不冷不熱」的態度，衣復恩有幾次為此向美方人員抱怨，蔣經國卻擔心把合作氣氛弄僵，衣復恩現在回想起來，當時是可以跟美方多提一點合理的要求，我方要的實在不多。

一九五五年中美簽定共同防禦條約之後，台灣海峽危疑不安的情勢，在美軍第七艦隊協防之下總算穩住。這項協定本身等於也阻斷了中華民國「反攻大陸」之路，可是先總統蔣公光復國土的決心和意志一直未受動搖，也希望能夠掌握機會完成復國大業，這跟美方對當時情勢的認知和理解，顯然有很大的出入。

原則上，美國不希望台灣淪入共黨之手，可是也不希望中華民國做出一些刺激台海緊張情勢的舉動，當時美國對華軍援也是在這個大前提之下，提供一些防衛性的武器，蔣公卻始終希望能有一些更積極的作為。當時前後幾任美國駐華大使和美軍顧問團高級將領，對蔣公的綜合印象是相當堅持己見，特別是反攻大陸的決心從未鬆動。

一九五八年「八二三炮戰」結束之後，台灣海峽一觸即發的緊張情勢暫告紓解，但是我方的敵後工作仍在加緊進行；趁著中共空防系統仍有許多雷達死角，戰術空軍尚未補強的空檔，台灣空軍特種部隊深入中國大陸的空投作業、電子偵測任務十分積極，也被當局視為「反攻大陸」前進準備工作最重要的一環。

到了一九六一年，由於中國大陸情勢已極端惡劣，先總統蔣公考慮對中共進行大規模心理作戰，揭發毛澤東失敗的事實，並派遣軍隊登陸大陸南部各省，對中共發動象徵性軍事攻勢，以此瓦解中共政權。美國情報單位也已聞知有關反攻大陸的傳聞，但這消息分明已傳到北京，中共倉皇調派大批空中及地面武力至大陸東南，加強當地防禦。

一九六二年十月十六日，中共舉行第一次核子試爆，逐步培養核子恫嚇能力，中華民國政府一方面與美國加緊合作，偵測中國大陸核武發展，另一方面仍再三強調要爭取時間，掌握反共復國先機，以免讓中共坐大，難以收拾。

蔣公在第十屆亞洲反共聯盟會議致詞說：「今日世界人類已面臨生存與毀滅的重要關頭，自由世界尤其是亞洲民主國家，究竟要保持世界和平與人類自由呢？抑或是要引起核子戰爭，以毀滅人類文明，造成空前浩劫呢？我認為這是在一兩年內必須解決的問題。」又在國民黨建黨七十週年告同志書中說：「今日我們全心一志，所要急起直追的，乃祇是一要迅速的趕在共匪核子武器尚未完成以前，大舉反攻，一以解救大陸同胞的奴役苦難，一以拔除世界核子戰爭的災禍根源。」

蔣公所提出「在一兩年內必須解決的問題」這一句話的立論是：「如果仍像過去一樣聽任共匪縱容坐大，由試爆原子裝置，而到製造原子武器，則亞洲反共各國和亞洲人民，不待幾久，就要遭到無窮的災害，即使不為共匪的原子武器所毀滅，亦將受共匪原子武器的威脅而癱瘓。……時間愈久，勢必影響社會和政治的安定愈大，共匪也就愈易達成其滲透和顛覆的目的。」再就當時情勢來說：「共匪好戰成性，竭澤而漁，為了進行其核子武器的製造，必然對大陸人民要作更無窮盡的壓搾，與無止境的迫害，如此，則不待其核子武力之形成，大陸上實已羅掘俱窮，民無噍類。」在這事實面前，台北當局對付中共已不是原則問題，而是時間問題。——清楚點說，在這一兩年內解決得來則解決，過了一兩年，恐怕已經遲了。

更讓美國人心驚的是，蔣公反攻大陸的決心還不只是說說而已，而是真正有準備的動作。根據當時美國駐台五大情報單位匯集的證據顯示，台灣當局已暗中儲存了近二十億新台幣的軍援物資，坐待時機準備出擊。

這下可真的把美國人嚇著了。美國除了透過適當管道照會中華民國政府外，甘迺迪總統更為此在記者會發表一項公開的聲明。甘迺迪總統的這項新的聲明，主要分為兩部分。第一，中華民國若反攻大陸，勢將與美國發生牽連；第二，根據現有中美防衛條約的規定，中華民國在採取這種反攻行動以前，必須要與美國進行密切的諮商，也就是要先取得美國的同意。甘迺迪在口頭上還拉了前任總統艾森豪相助，說「過去艾森豪也是反對這種行動的」。

美國認為，對大陸採取軍事行動過於冒險，可能使蘇聯再度對中共伸出援手，進而造成第三次世界大戰。美國堅決拒絕給予此種冒進行動任何軍事支援，並立即向中共說明美國這項立場。蔣公得不到美國支持，自然無法行動，也未採取行動。

當時美方又知道蔣公十分固執己見，只有採取「敷衍」的方式來安撫老先生，先是承諾若我方能在中國大陸建立起軍事基地，美方就會考慮支持，另外也答應在花蓮代訓特種部隊，至於最關鍵的空投登陸所需的運輸機就卡在那裡了無蹤影。

其實，即使中華民國掌握一些足資登陸用的武器裝備，也未必能有機會派上用場。西藏發生抗暴事件時，台北方面迅即回應說準備要支援抗暴行動，美國馬上發表聲明，要求中華民國不能拿美援武器去支援抗暴。後來，美國中情局在我方要求下，也曾在內華達州代訓一批西藏游擊隊，但是基本上對大局無足輕重。

美國之所以會對中華民國當局這麼有戒心，主要還是台灣方面過去有一些「小動作」出紕漏；台灣方面曾經訓練一批特種部隊，支援滇緬金三角的反共救國軍，結果有一批人員連帶美援裝備被俘，中共把這批木盒上打印象徵中美友誼握手標誌的戰利品公開展示，並一狀告到聯合國，指控「美帝」侵略，讓美國人下不了台。

中美談判合作U二高空偵察任務，據了解，我方提過由美方提供大型運輸機、代訓我方特種部隊、提供十六架轟炸機等三樣要求，美方當時可是相當為難，最後勉強同意支援三架C一二三，也願意代訓特種部隊，只是對當時我方所要求的轟炸機終始不肯鬆口，擔心中華民國會再有突如其來的大規模攻擊行動。

衣復恩為此多次與美方人員起爭論，他甚至坦然相告，十六架轟炸機最多也只是個「象徵性」攻擊武力，以當時中華民國的能力，即使掌握情報也未必有能力執行攻擊，但是供應這批飛機，可能使中美往後情報蒐集合作關係更趨密切，然而美方還是不為所動。

時隔多年，衣復恩談起這段往事仍心有不平，他認為中華民國空軍為了參與U二高空偵察任務，折損了許多精英，卻未能相對獲得足夠的回報。以當時美國對中國大陸情報渴求的程度，如果我方有所堅持，甚至不惜以取消合作要脅，應該可以爭取更多有利於當年發展的條件。

長久以來，U二一直是個高度敏感的話題。中共與美國在波蘭華沙會議中，U二始終是雙方爭論的焦點。隨著台灣海峽緊張情勢的緩和，越戰逐漸接近尾聲，再加上衛星偵測技術的改進，中情局配合國際環境的改變，從一九六八年起U二即已不再深入中國內陸偵測飛行。

末期的高空偵測飛行採用的是較新型的U二R型偵察機，不需深入內陸垂直照相，而採用側面照相的裝備，只沿著中國大陸沿海巡航，而且保持在距離領空五十公里外航道巡弋，以避開地對空飛彈的攻擊半徑，以免給正在改善中的美國與中共關係平添困擾②。

二、遲來的公道話

一九六九年底到一九七〇年夏擔任黑貓中隊隊長的王太佑認為，後期U二R的任務的風險遠不如初期，倒不是隊友無冒險犯難之心，而是任務特性使然，讓這批後期黑貓有「英雄無用武之地」的慨嘆！

不過，後期這類情報解析工作卻也會有意想不到的收穫。一九七一年起，U二R上面裝了一套新發展的感應器。就在九月十二日和十三日晚間，在中國大陸沿海巡航的蛟龍夫人，突然截聽到中共防空系統一陣騷動，所有飛機停飛，各式攔截武器全面戒備，還好U二只是沿著外海國際航線安全通道巡航，而當時美機已不再深入內陸偵察飛行。

U二所截獲的這項訊息，跟其他片段的電子訊號情報併在一起分析，隱約地透露出令人震驚的內情。當時中共國防部長林彪顯然是想發動一場政變，推翻毛澤東，卻因事機敗露，倉皇逃逸，所搭乘的三叉戟座機也在蒙古境內墜毀，機上乘員全部罹難。

美國國務院的中國觀察家對這項情報極為驚愕。當時林彪是毛澤東指定的繼承人，外交管道也未透露毛、林兩人鬧翻的消息；由於中國大陸竹幕深鎖，很難確知什麼風吹草動，而文化大革命的動盪也使西方外交官紛紛撤離，消息打探因此更形困難。現在內情逐漸外露，中國大陸全境飛機不准升空的禁令果真事出有因，而且中共三軍停止休假，全面戒備，以防止林系軍人蠢動。

那一年，北平「十．一」偽慶的閱兵遊行「無緣無故」取消，當時沒有人知道是怎麼回事，推翻毛澤東的政變陰謀整個被蓋住了，林彪夫婦和他們的子女、隨員雖早已命喪荒漠，可是中共仍稱林彪為國防部長。真正的內情延遲了一年才逐漸披露。

中共內部傳出的說法是林彪多年來一直私通蘇聯，同時也反對美國與中共關係解凍，對負責策劃雙方進展關係的國務院總理周恩來也有意見。由於毛澤東拒絕支持他的僵化路線，才使林彪意識到，要掌權只有奮力一搏，搞一場驚天動地的政變。

當時好些中共高層領導人都不太清楚這場路線之爭，西方世界蒙在鼓裡也就不足為奇。幸賴蛟龍夫人打開一扇天窗，再加上地面監聽站的電子順風耳，才使美國掌握到中共高層權力傾軋的消息；在與中共重開門戶的關頭，這類情報扮演舉足輕重的角色。

就在林彪慘死六周後，美國國家安全顧問季辛吉首度祕訪北平，周恩來力主對西方有限度開放，而毛澤東對改進與西方關係的立場仍有疑慮，黨內極左的激進大老對此仍時有意見。美國外交當局只好依賴蛟龍夫人蒐集來的電子訊號情報來研判情勢與對策。

從蛟龍夫人的初期偵察任務中就發現，中共西北的飛彈發射器一律對準北方，由此可以瞭解中蘇關係惡化的程度。往後數年，美國與中共在華沙舉行的一百多次會談中，美國總是利用U二所取得的大量情報，在知己知彼的情況下，掌握較有利的談判地位。

美蘇兩大超強開始打「中國牌」以後，美國方面更以探測衛星與U二廣泛蒐集有關中俄邊界軍事部署動態知會中共，以拉攏雙方的關係。

後來，美國與中共關係更進一步發展，美國更利用中蘇邊界的地理優勢，在新疆一帶廣設地面監聽站，與中共分享來自北方共同敵人的軍事情報。這種情報合作的風水輪流轉，更使人心生感慨，也對蛟龍夫人在時代變遷的角色感到困惑。

季辛吉沒隔多久就再赴中國大陸訪問，促成聯合國接納中共為會員國，而將中華民國排除在外。緊接著，一九七二年二月，美國前總統尼克森訪問北平，在會見中共領導人時，承諾停止一切在中國內陸的偵察飛行。

中共核子武器與洲際飛彈的研究發展，在文化大革命期間多少受到影響，再加上林彪政變失敗，有兩百五十位高級將領受到牽累，也延緩了這兩項重大軍事研究的進度。按照當時的推估，中共至少要到七〇年代中期，才有可能發展成功射程可達美國的洲際飛彈，中共的威脅已沒有原先預估的緊迫。

整個國際大環境也在變。隨著美國總統赴北平的歷史性行動，再加上美軍逐步撤離越南，中共已不再是美國的主要威脅，中共反而得擔心在北方共同疆界部署重兵的蘇聯，台灣海峽的緊張情勢跟著逐漸緩和，中共侵台的可能性也大為降低。

根據美國與中共達成的協議，美軍必須逐步撤離台灣，中美合作的U二偵察飛行因此幾乎停擺。

偵察飛行單位自從一九六八年引進新型的U二R，同時停止中國大陸內陸偵察飛行以來，只有在一九七〇年秋季發生過一次致命的意外。這次意外發生沒多久，美國中情局和中華民國空軍的合作關係也告一段落，蛟龍夫人被深鎖在桃園基地新建不久的機棚內，美方一直不好意思開口如何了斷這一段情緣。直到一九七五年，蛟龍夫人才離華返美。

就在中美混合編組的黑貓中隊宣告解散後，中情局也結束了十八年深入中國大陸的「穿幕之旅」。

U二高空偵察機這一段輝煌的歷史，當然不能單從美國人的角度來衡量，中華民國空軍飛行員出生入死的穿幕行動，在隱藏多年之後，應該公開受到肯定。事隔多年之後，當年負責牽線的前美國中央情報局駐台辦事處主任克萊恩總算說了幾句公道話：「在人造衛星的攝影足以涵蓋中國大陸以及蘇俄的目標之前，有段時期，我們有關中共精良武器的情報，大都是來自這些世界上最勇敢的飛行員所攝取的照片。這些照片當時對我們而言，價值億萬美元，而美國對於使這種情報作業得以實現的中國空軍單位，欠著一份感激之情。」

①當時擔任國防部長的俞大維一開始就反對使用中華民國空軍幫美國中央情報局駕駛U二偵察機。他說，中情局要飛U二偵測大陸，就應用美國空軍來飛，而不應動中華民國空軍的腦筋，而且U二所偵察的中共情報，只對美國有用，對我方並無大用。俞大維認為，我方所需要的是中共在大陸沿海的軍事動態和北京的戰略意圖，不必靠U二來偵測，更何況U二完全是中情局一手策劃的，所獲得的情報也不會和台北分享。因此，在俞大維的強烈反對下，中情局台北辦事處負責人克萊恩就只好直接找蔣經國，轉呈先總統蔣公核定共同合作執行。（〈俞大維追懷往事〉，見民國七十九年四月一日《中國時報》人間副刊）

②一九六六年八月，「臭鼬小組」接到指令，要求重新改造蛟龍夫人，使它以全新面貌出現。當時超音速的黑鳥間諜飛機雖已問世，但是U二偵察機的設計人強森仍然說服美國政府，認定蛟

龍夫人仍具有在空中蒐集情報的價值，因此，新出廠的U二R開始進駐琉球，仍然負責偵測中國大陸的動態。

美國空軍發展的這種SR七一型間諜飛機，可以高飛至八萬五千呎，能夠輕易擺脫敵機的追擊；而黑鳥大都在執行高危險地區的空照任務，主要是黑鳥出勤的費用非常昂貴，像長時間的空中情報蒐集，並不需要勞動黑鳥，仍以蛟龍夫人出馬較為合適。

另外，美方也成功研製出新式長程斜面偵測照相機，可以在好幾公里外從側面拍攝，遠離敵人防空飛彈的追擊範圍。美國政府批准這項有限度的量產計畫，由中情局補助機體製造，空軍提供引擎，蛟龍夫人脫胎換骨的工作還是由「臭鼬小組」負責。

搖身一變的U二R，基本上還保留U二最早的基本線條，體型比原來的大三分之一，但是，油料容量和載重量都增加了一倍，座艙空間並增大了百分之四十五，讓飛行員能穿著全新而較舒服的壓力衣；同時，U二R的跳傘彈射座椅的設計也較過去大，安全係數也高。純就飛航品質考量，新型的U二已經不像老式的那樣難以控制。儘管U二R飛行員的遴選還是很嚴格，但無論是起飛、降落，或是高空巡航，已遠較過去容易得多。

脫胎換骨的蛟龍夫人，機身也拉長到廿二公尺，寬三公尺，縱深兩公尺半，面積加大以後，頂上「獨木舟」脊背內的配備也分散到全身，讓外觀有更清爽的感覺。

U二R採用的還是J七十五型引擎，只不過推力由一萬五千磅改良為一萬七千磅；由於引擎排氣改用較長尾管排入大氣層中，原先配備反制紅外線追踪飛彈的「糖杓子」也就無用武之地。但是，早先備而不用，稍後才勉強裝上去的一些飛航儀器，等蛟龍夫人搖身一變後，都成了標準配備。它的六分儀總算淘汰，可是確認地面檢查點的下望鏡依然保留，另加了一些標示航向等參考資料的電子儀器，還新添了油料存量指示器，飛起來要比老式U二安穩得多。

飛行控制系統也有相當的改良，使起降和一些關鍵的操作更為簡易；最教飛行員稱心的是所謂的「棺材角」已大為加寬，從失速下墜到超速解體的速率限制可以拉大到十五節。U二R在高空中轉彎斜飛也拉大到四十五度，比舊式飛機改進了十五度。

由於機翼加大，油料容量跟著增多，總量高達兩千九百一十五加侖，相當於一萬八千五百磅，再也不必加掛什麼副油箱，如此就夠飛足十四個小時，足可讓飛行員飛個筋疲力盡。

U二R在一九六七年八月首度試飛沒多久，就進入量產階段，可是只造了十二架，這也是U二出廠以來同型機產量最少的。它一出廠，中情局和美國空軍馬上各分了六架，其中一架在一九六八年中期進駐桃園基地執勤。另外的新機有的送往越南出OL—二〇任務，還有的仍負責古巴上空偵測任務；而舊型的U二偵察機也只剩十五架，有些留置封存，有的重新改裝引擎，用來訓練飛行。

第十二章　失落的黑貓

一、重見天日

跟陳懷生死後獲得的殊榮相比，葉常棣與張立義的際遇真可說是「生不如死」。

葉常棣是在一九六三年十一月一日，在浙贛交界的上空被地面飛彈射控系統「鎖定」，座艙內十二號系統的警示雖已亮起，葉常棣準備迴轉閃避時卻慢了一步，左翼幾乎被飛彈打掉三分之一，機身頓時呈螺旋式陡降，他的雙腿也被彈片所傷，彈射出艙跳傘落地時被俘。葉常棣的命是保住了，雙腿卻差點報廢，緊急手術取出的彈片居然高達五十九片。

張立義也跟葉常棣一樣，有差點斷腿的苦痛。一九六五年一月十日傍晚，他駕著U二

C由青島上空開始穿幕之旅，在包頭核能反應器工廠上空遭飛彈襲擊。那時，突然間一陣紅光，座艙內亮光全熄，有多次遭夜襲經驗的他，這次再也無法逃過厄運，整個人昏死過去。

他朦朧中彈射出夜空，開傘著地，雙腿折斷了，在零下廿度的雪地動彈不得，然而求生的意志驅使他奮力爬向鄰近蒙古包求救，天亮時才被村民發現送醫，全身已嚴重凍傷，差點得鋸斷雙腿。

葉常棣與張立義分別被中共判十年重刑，在勞改營裡吃足苦頭。葉常棣還在獄中藏安眠藥，企圖自殺未遂，多服了三年徒刑。

當時中共對U二偵察飛機讓中國大陸領空「開天窗」，感到非常惱怒，也開了幾次萬人群眾大會慶祝打下U二飛機，同時聲討「美帝」侵略罪行。

當葉常棣和張立義發配回家鄉勞改，也不敢向家人提及他們的U二飛行員的身分，也因此逃過了文化大革命期間紅衛兵凌辱的命運，直到七十年代中期才獲釋，中共並給予「公民」資格。

按照中共後來解密的資料推斷，葉、張兩人所以未遭到極端的凌辱，主要是他們還有許多「剩餘價值」。

當時，U二機翼的副油箱卡座與尾翼都分別安裝了一套自行毀損系統，萬一飛機被擊落，飛行員只要引爆這套裝置，就可以避免機上的精密電子反制系統落入敵手。只是人算不如天算，U二遭到重擊時，葉、張兩人已沒有時間，也可能沒有意識、能力反應，再加上機身在空中解體碎裂時，也使自動毀損系統短路，而未能發生作用，終使中共有機會破解十二號系統和其他電子反制設備的奧祕，而使後續闖關的蛟龍夫人多吃一些苦頭。

這也就是為什麼中共不敢公布葉、張兩人生死下落的關鍵所在。在中共全力封鎖消息的情況下，他們兩人分別在失踪半年後核報成為國捐軀，讓家屬得受撫卹安養。當時，新店碧潭空軍公墓也都留有他們的「衣冠塚」。

即使在U二停止內陸偵察飛行多年之後，中共仍然未能忘情於葉、張兩人的「剩餘價值」，配合台灣海峽逐漸緩和的情勢，再利用冷戰時期象徵的U二飛行員作統戰工作。

一九八一年間，葉常棣突然由武漢汽車修護廠的工人，調至華中工學院外文系當講師，明講是看中他的英文程度不錯，其實是早有安排，不願讓他們「重見天日」時身分不好看。張立義也因此由家鄉農場調到南京一家航空技術學院當「工程師」。

果然，一九八二年五月間，中共空軍幹部分別通告他們：「很可能讓你出去，但時機還不曉得。」就在中共與美國簽訂「八一七公報」後一個星期，中共人民廣播電台宣布釋放這兩位拘禁了近二十年的U二飛行員。

從九月開始，葉、張兩人被安排在北平碰頭，起先他們都不知道對方存活這個事實。經過長達兩個月的講習，他們一下子被奉為上賓，到處接受部長的邀宴。中共這麼做，不外是要他們出來後能替中共多說一些好話。

中共發給他們兩人為期六個月的通行證，於十一月送抵香港，並要求台灣當局「提供便利的條件」，准許葉、張返鄉與家人團聚。果如中共所料，他們遭到台灣方面的拒絕，因而滯留香港面臨有家歸不得、進退失據的困境。

中共決定釋放葉常棣、張立義兩人的消息在《人民日報》上見報後，發自北平的外電報導使台灣有關當局在驚喜之餘，也頗感棘手，下面三則當時未見報發自台北的外電報導，多少可以看出當局的窘境。

【合眾國際社台北廿六日電】一名中華民國高級軍官今天說，台北當局可能拒絕北平交還一九六〇年代，在中國大陸上空遭擊落的兩名中華民國飛行員的建議。

這名軍官說，雖然北平宣布將送回兩名飛行員，中華民國當局認為此舉是虛偽的和平統戰，通常會予以拒絕。

這名軍官說，兩名飛行員自一九六〇年代駕駛美製U二型高空偵察機，在中國大陸上空執行任務時遭擊落，一直留在中國大陸，因而此間可能不會歡迎他們回來。

這名軍官說，中華民國軍中既定原則是，不接受敵人送回的被俘軍官。七年前，台北當局拒絕接受十名北平當局釋放的前國軍將領。

這名軍官說：「他們差不多已在中國大陸待了廿年，我們認為這種軍官已經降敵。」

【路透社台北廿六日電】消息靈通人士說，中華民國國防當局似不可能對於北平《人民日報》今天刊出的一項報導立即採取因應行動。這項報導說，中共將送回一九六〇年代在中國大陸上空遭擊落的兩名中華民國空軍飛行員。

前述人士說，此間當局將不會對於是否准許兩人返回台灣探親一事，迅速有所決定。國防部並未立即評述此項報導，只說該部正與高級當局研商中。

前述人士說，預料此間當局不會迅速有所反應。一名消息人士說：「軍方當局不能排除下述可能性，即北平『官方』報刊在經過這麼多年之後，突然提到這兩名飛行員，是另一項對台灣進行統戰的新伎倆。」

空軍人士說，兩名飛行員葉常棣及張立義被擊落後，此間推定他們已經殉職。

【美聯社台北廿六日電】中華民國政府人士今天說，台北當局是否決定准許一九六〇年代在中國大陸上空被擊落的兩名中華民國空軍飛行員返回台灣與家人團聚，要看他們的誠意而定。

前述人士說，他們獲悉葉常棣少校及張立義少校仍然生還，感到驚喜。

這些人士說，自從葉、張兩人駕駛美製U二型高空偵察機在華北及華東上空遭擊落以來，即再無兩人音訊，因而推斷他們已經殉職。

前述人士說，中華民國空軍當局正與葉、張兩人的家屬聯絡，並且試圖證實中共要放回的兩人確實是葉常棣及張立義。

政府人士說，如果葉、張兩人是真心要回台灣，必須遵守國防部所定程序，先到一處中立地區或國家，表明返台的誠意，然後申請入境。前述人士說，當政府相信他們兩人不是中共間諜，也不是前來遊說「和平統一」的說客之後，才能考慮准許他們返台。

二、太沒有人情味了！

當時軍方透過執政黨文工會與各大傳播媒體聯繫，希望能淡化處理或是放棄刊登這則消息。問題在於中共選擇這個時機釋放U二飛行員當然是別有用心，不能不有所考量。再加上先總統蔣公曾明令褒獎葉常棣殉國精神，空軍出版的《忠烈傳》中也形容葉常棣忠心可問天，而今突然出現，將造成尷尬局面。軍方也考慮到，這項與中情局合作執行的高空偵照計畫仍不宜公開，因此不能以人道立場來面對現實。

中共安排葉常棣與張立義住在「國際酒店」，隔鄰就是華航飛行員投宿的「大使飯店」，當時擔任華航波音七四七駕駛的楊世駒就趁公務之便與他們碰頭，並代轉與家人團聚的意願。張立義的幼兒也寫信向空軍總司令郭汝霖陳情，但沒有回音。

眼看著半年效期日益接近，而台北方面的立場短期又無轉圜跡象，楊世駒趁著出差到美國時，在舊金山掛了一通電話給當年中情局派駐桃園基地的美國飛行員艾力克森，請求幫忙解決問題。艾力克森在桃園基地待的時間最長，也認識葉常棣和張立義兩人，於是很爽快地幫著打電話給當年U二計畫在華府總督導肯尼翰，整個事情才有了轉機。

肯尼翰找了已擔任中情局副局長的老部下，說明這兩名當年替美國「賣命」的飛行員的情形，認為中情局至少應該承擔點道義責任，替他們解決困難。肯尼翰還告訴楊世駒說，美方也很留意中共釋放兩名U二飛行員這件事，但因弄不清楚對方意圖何在，為免橫生枝節，也不方便出面。

葉常棣也親自寫了一封信給肯尼翰說明自己的意願，一個多星期後就有了回音。由楊世駒陪同他們甩開新華社駐港人員，跟美國駐香港領事館的安全官面談。

一見面，對方就遞交信封袋，內有二千美元的慰問金。葉、張的激動情緒稍微平復之後，分別強烈表明不再回中國大陸的決心，如果台灣不接受他們，就考慮接受中情局安排赴美。

事情似乎就此定案，美方唯一的要求是請台北發給兩人中華民國護照，好讓他們有個身分證明登機，台北方面在多重顧慮之下仍未答應；也難怪負責奔走聯繫的黑貓中隊隊長楊世駒慨嘆：「台灣方面的表現太沒有人情味了！」

在此困境下，美方乾脆幫忙到底，直接安排葉、張兩人搭乘泛美航空公司班機赴美。

葉常棣與張立義搭乘的泛美班機抵達洛杉磯時，一位自稱是美國國務院官員的人已經在空橋門口守候，他的穿著不像是官場中人，身上披著老舊的夾克，右胸前那個紅色打底的黑貓標誌倒是挺引人注意的。

葉常棣與張立義下了飛機，在門口四面張望一下，掩不住焦慮神情。等他們看到這位穿著當年黑貓中隊夾克的中年漢子，便快步上前抱住，熱淚再也掩不住地奪眶而出。

葉常棣、張立義後來都順利取得美國綠卡，中情局並發給他們補償金廿二萬美元存入銀行，以利息照應生活①。葉常棣目前在休士頓一家珠寶店當經理，偶爾開小飛機上天遨遊；張立義則留在維吉尼亞州一家老人公寓任職，兩人都未再婚。

葉常棣一九六三年十一月一日在浙贛交界上空被擊落時，新婚才十個月；張立義在一九六五年一月十日在包頭上空出事時，則已育有三名子女。在多年杳無音訊的情況下，他們的太太後來都分別改嫁。

一九八二年九月，葉常棣的前妻得知消息，還輾轉透過中共大使館轉信給他，赴美後並將他當年在黑貓中隊出U二任務時留存的照片、信物轉交給他。昔日美好的回憶誰也無法忘懷，只能怨命運作弄人。張立義的前妻在他們滯留香港期間，也專程趕往探望，由於彼此多年生活在不同的體制下，許多觀念和想法也有了差距。不過，張立義和子女仍然保持聯繫。

目前葉常棣和張立義都未能忘情於飛行，也一直沉湎在當年跟蛟龍夫人出生入死的記憶裡，許多在休士頓跟葉常棣交往的人，偶爾聽他講起當年飛U二的往事，總是有訴不盡的感慨；他也不忘展示先總統蔣公召見他的照片，以及故總統蔣經國先生送他的一只勞力士手表。

跟許多飛過U二的飛行員一樣，張立義書房的牆上也掛著一幀全黑蛟龍夫人的照片，還貼了一份美國藍鳥特技隊在空中列隊飛行的彩色剪報，另有一張由洛克希德公司所贈，寫著「張立義少校惠存——幹得好！」的紀念照。他們在空中都曾經有一段輝煌的過去，往日的一切榮辱都已隨風而去，他們只希望來日還有機會返台，向昔日長官、同袍和親友有個明白的交代。

葉常棣一直不明白，中華民國敵後工作人員為何在他們釋放前長達二十年期間，絲毫未能掌握他們兩人的動態？這與當年政府發布U二失事的消息對照，尤其令人不解。那一段期間，只要U二出任務未能返航，桃園黑貓中隊的賞鳥系統必然已知大事不妙，稍後公布的失事消息總是引述敵後工作人員曾目睹有飛機掉落，據以研判U二不幸失事，這當然只是維護作業機密的宣傳手法，如今看來實在不無諷刺。

根據美國中情局退休人員的推估，台灣的情報當局可能對葉常棣、張立義兩人的動態已略知一、二，但是呈報上去會十分尷尬，一直拖到一九八二年九月，中共主動宣布之後，才不得不面對現實。

先總統蔣公接見葉常棣後合照。

葉常棣自述那一段「沒有刑期的歲月」，也只有以「惜福」來自我安慰。

葉常棣出示蔣經國先生贈送的勞力士錶。

張立義指著U二飛機身影說：「遙想當年壯志凌雲……」

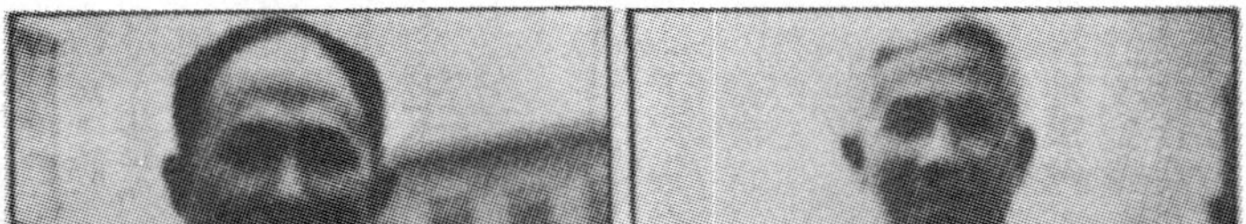

黑貓中隊隊員葉常棣(左)與張立義在「失踪」十八年後，於一九八三年突然現身，希望與台灣家人團聚。圖爲他們的檔案照片。

跟葉常棣、張立義兩人苦守廿年重獲自由的情形對比鮮明的是，當年飛U二偵察機，幾度在薩姆二式飛彈追擊下逃生的王錫爵，一九八六年五月三日竟然強駕著華航波音七四七貨機重投中國大陸，讓許多當年桃園黑貓中隊隊員想不通，人生際遇真是難料。

王錫爵所駕的七四七－F二〇〇型全貨機降落廣州白雲機場，中共透過新華社宣布此事，極力突出王錫爵曾被挑選為U二飛行員，多次深入中國大陸高空偵察的事實。

自五〇年代中期以來，王錫爵是第一個投奔中國大陸的民航機駕駛，由於其身分背景特殊，中共自然抓緊機會，意圖證明這是海峽兩地中國人在多年分離後「團聚」的表徵，並催迫華航出面協商談判。

由於華航貨機和兩名機員隨同陷入大陸，中華民國政府基於人道考慮，最後決定，由華航與中國民航在香港就人員歸還事宜展開談判，最後在中共方面不留難的情況下總算順利化解危機。

這次歷史性的「兩航」談判新聞，頗受世界各主要媒體的注目。儘管台灣當局強調談判係由華航公司單獨負責，交通部民航局等政府單位完全不介入，但外界認為，「兩航」談判已使中華民國政府對中共的「不接觸」政策首度改採彈性對策。

中共處理「兩航」談判事務時，雖然避免誇張，盡量沖淡政治意義、減少對台北的刺激，但是在這表層之下，北平當局仍視「兩航」事件為推動雙方進一步對話的起點，並在暗地裡運用它的關係，展開直接或間接的遊說，希望美國相助推動「和談」。

多少受到「兩航」談判外界反應良好的刺激，台北當局沒隔多久就比較自信地逐步放寬海峽兩岸交流的限制，大陸政策有了根本上的改變。

王錫爵初抵大陸時，曾對外自稱其心境是：「老牛自知夕陽晚，不用揚鞭自奮蹄。」剛開始，他也很熱心地對「人民祖國」的航政措施多所建言，回應卻不如預期，到後來也就沒有那麼帶勁了。

目前在美國經商的當年黑貓中隊隊友莊人亮，有一次到北平觀光，與王錫爵相約話舊。問起「駕機回大陸所為何來」時，王錫爵已不願再提白雲機場往事，倒是想念台北的妻兒。

而王錫爵事件也頗受其他黑貓中隊隊員關注。黑貓中隊這支中美「混血」隊伍經過長時間的合作，在U二高空偵察任務結束多年後。仍常保持聯繫，以當年美國空軍四〇二八聯隊本部成員為主體，每年耶誕節前在拉斯維加斯賭城團聚。王錫爵與葉常棣、張立義三人在事隔多年之後，分別按自己的選擇進出中國大陸，特別是大夥兒關注的話題。

「失落的黑貓」不單是昔日黑貓中隊同袍的話題，更是社會大眾談論的焦點。自從「蛟龍夫人與黑貓中隊」有關U二的故事在《聯合報》刊出之後，再度勾起社會大眾對U二高空偵察機的記憶。他們對葉常棣、張立義兩人的際遇尤表同情，還有人寫信給黑貓中隊隊長楊世駒，準備組織後援會，及早協助這兩位滯留美國的黑貓隊員「返航」。

葉常棣與張立義兩人在美國待了近七年，還是沒有護照的人。他們先後幾度申請返台探望親人，皆以「於法不合」遭到回絕。

一九八五年，葉常棣的父親過世，他曾到北美事務協調會休士頓辦事處申請回台奔喪，未能如願。八十八歲老母八九年申請赴美國定居後，母子才首度相見，其間已過了廿四年。

葉常棣的妹妹葉常娥說，她的哥哥很想回台灣，可是台灣方面沒有給他機會，一再申請受挫後，到底想不想回去，葉常棣本人已不願再討論這個問題。

三、終於等到這一天了

一九九〇年二月六日到洛杉磯參加母親告別式的葉常棣被問到回台灣的問題時，忍不住提出一連串的疑問：「我已經被開除軍籍還是空軍少校？」「究竟我還是不是中華民國國民？」他很感慨地說：「政府起碼應該考慮恢復我的身分，應該有套辦法來處理這個問題。美國空軍飛行員在越南被打下去廿年後出來，還能恢復身分，為什麼我們不能？」「到底被敵人俘擄後要在國外住多久才能回去？再說，我是奉派出任務，而不是自己跑去投誠。」

張立義說，他最大的心願就是能回台灣做個交代，經歷了四分之一世紀屈辱和流離的歲月，他誠心希望能回台灣報告「未完成的任務」。

「我當然想回台灣去，把我們放在美國是不對的。我所以要從大陸出來，就是打定主意要回台灣。當初政府沒有理我們，或許是主客觀因素的考量，認定時機不對。現在六年過去了，海峽兩岸幾十萬人來來往往，何獨拒我們於門外？」

楊世駒認為，當年政府拒絕葉常棣、張立義返台並非正確的決定，可能因當時環境考量不得不然。如今相關因素已經減淡或消失，當年有關人士所稱需在第三國停留五年的規定也已符合，有關單位應可促成他們返台心願。

跟葉常棣在空軍官校同期的現任空軍政治作戰部主任徐銘潭中將，後來也跟楊世駒當面說明目前軍方處理這個案例的背景與處理原則，整個事情總算有了眉目。

新任國防部長郝柏村稍後在立法院國防委員會表示，如果民國五十二年及五十四年因執行任務失蹤的前U二飛行官葉常棣與張立義有意回到台灣，國防部非常歡迎。

郝柏村是在答覆趙少康、黃主文等立法委員有關國防部對失蹤的空軍飛行官葉常棣、張立義有意回國一事如何處理時，作以上的表示。

國防部稍後並根據空軍所提供的背景，發布新聞稿如下：

前空軍「第卅五中隊」飛行官葉常棣少校與張立義少校兩員，先後於民國五十二年十一月一日及五十四年一月十日，在執行大陸偵照任務時失蹤，空軍總部除對葉、張兩員家屬支給原待遇外，並照顧其生活。俟六個月後，由於仍無彼等音訊，中共方面亦未公布，始按規定「宣告作戰死亡」，並依據「國軍撫卹條例」追晉上階，厚卹遺族。

民國七十一年八月廿五日，中共透過廣播宣稱：「葉、張兩員早經獲釋，現已擔任公職，因思想家人，蒙中央批准同意返台探親」，並於同年十一月十日抵達香港。當時經研析中共所稱各節，顯為統戰陰謀，製造「回歸」假象，有違政府政策，為防止予中共統戰藉口，故未直接接納彼等返國，而經多方設法協助安排赴美定居，由駐美單位負責協助輔導，並撥發生活補助費用。

空總對葉、張兩員在台家屬亦竭盡照顧之責，年節均派專人慰問。

七十七年十二月，張員曾託人轉達返國意願，經於七十八年五月十八日由空總電駐美勤務協調組，明確告知同意葉、張兩員返國，可向我駐美單位申請，惟迄今並無回音。

空軍基於袍澤情誼，以及考量當時情勢與實際狀況，已盡力照顧安頓。

對於這種「官方說法」，葉常棣與張立義兩人多少有些不同的體會，但是，他們也知道再多的辯解可能無助於他們返台之行，基本上對政府公開表明歡迎他們返台總是抱持肯定的態度，張立義激動地說：「終於等到這一天了。」

幾經商量之後，兩人分別正式向北美事務協調會申請中華民國護照，開始為他們延遲二十多年的「返航」作準備①。

①根據空軍總部傳出的說法，美國中情局發給葉常棣、張立義兩人各廿二萬美元的撫慰金，其中有部分是由中華民國政府私下撥付的。

附錄二：沒有刑期的歲月

葉常棣／口述．林佩韋／記錄整理

我被中共擊落的日期是一九六三年十一月一日。

那一天是白天出任務，記得是清晨四點駕駛U二偵察機從基地起飛，航行了十多個鐘頭，是在返航途中出事的。

當飛機到達江西九江上空時，當地時間約下午兩點，駕駛座前一個名為「十二號系統」的警示儀指示我已被飛彈「鎖住」，我知道有炮彈打上來了，設法閃躲不及，一〇四呎長的機翼有一邊被飛彈打斷三分之一，飛機不能維持平飛，呈螺旋式往下陡降，我的兩腿被彈片炸傷，於是跳傘，落地被俘。

根據美國情報，沒有任何飛彈可以打到四萬四千呎高度，這是情報出了問題，通常，飛機被飛彈「鎖住」時，由於距離還遠，有時可以躲得了，我不曉得共產黨用什麼方法把時間縮得很短。

被擊落時，兩腿佈滿彈片，手術取出大的彈片就有五十九個，針眼般小的到現在還在身上，太細且太深，很難數出有多少，也弄不出來；八三年來美後曾再檢查，醫生說動手術也弄不乾淨，划不來，反正沒什麼大問題。醫生建議住到溫度較高的地方，我選擇休士頓居住的部分因素在此。現在冬天溫度過低時，兩腿有風溼的感覺。

跳傘被俘，我因出血較多，朦朦朧朧中仍知道被抬到一處人民公社，他們所謂的「解放軍」來了就把我隔離起來。

我落地的地方大概很偏僻，救護車半夜才到。後來聽說被送到上饒，那兒才有醫院。車開到醫院已凌晨三、四點鐘，照過X光，醫生馬上決定動手術將大彈片取出，手術後我被隔離在一個房間，衛兵輪流看守。

第二天，我被送上火車到河南衢州，衢州有機場，立即轉送北京，我被留置在一個不知名的建築物內的一個房間，從此與外面世界完全隔絕。

在那個小房間一待就是七、八年，除了廿四小時衛兵監管，只准醫生進入治療，中共空軍人員不時去察看狀況，往後歲月這幾位空軍人員專管我的思想工作。

治療三個月後，我開始能夠下床走路，沒有斷手斷腳，彈片也沒傷及頭部，這是萬幸。

在大陸的前七、八年受到完全隔離，每天與四名衛兵相處，兩人在房間內睡，兩人在房外睡，每一個月換兩名衛兵，等於每二個月都換來「全新的人」，他們的用意很明顯，不讓你和衛兵熟。

住在那間斗室，除了強迫看毛澤東著作和《人民日報》，沒其他事，他們要我寫交心書，但「你愛寫就寫，不寫他也不勉強」。吃飯由衛兵遞來。每禮拜六、禮拜天，衛兵就找我去勞動，搓煤等工作，一起勞動也沒其他人，就我們五個。

中共空軍方面經常有幹部來問：「怎麼樣啊？思想改造得怎麼樣啊？」沒有高階層的人來看我。

小房間裡除了有間小廁所，什麼也沒有，因此衛兵也不用擔心「你會怎樣毀滅你自己」。除了文化大革命有一點「反常」之處，他們四個衛兵只管看守著，態度並不惡劣。

這是一個比肉體受到折磨還要難過的時期，不經過那一段的人不會曉得。他們就是讓你這麼待著，也不告訴你將來會怎樣處理你，這是很恐怖的，因為你絕對不曉得明天可能怎麼樣？——如果這算是「坐牢」或「勞改」，我至少知道「經過這一段，下一段是什麼」，但那個時期我甚至不知道明天會不會把我槍斃！

他們說：「並沒有打你啊！」打沒什麼了不得，肉體上的痛苦還是很容易恢復的，精神上的折磨真是難以形容。這種日子，不是親身經歷……。

一九七一年文革武鬥已過去了，大家都去勞改，我也從北京小房間下放到武漢郊區的紅旗公社紅軍大隊勞改。

一起勞改的老百姓被告知我是「從那邊過來的」，都不敢和我接觸，生怕受到牽連。雖然仍然生活在被隔絕的世界，勞改，對我來說，起碼看到了「人」。

勞改這回事很讓我不解，共產黨實在很怪，講明我是參加「勞動改造」，有處罰的意義，但是老百姓也跟我一樣做同樣的工作，是不是他們也在勞改，為什麼要他們勞改？這回事和老百姓應該是沒有關係的。

從這一點看共產黨，我當時就覺得沒有希望。文革一開始就鬥，鬥這鬥那，鬥知識分子。試想，一個國家沒有知識分子，如何能夠在今天科技發展的社會求發展？

在生產大隊每天沒事就開水庫、改田，我現在兩邊肩膀留有很大塊肌肉，可以摸得出來的，剛開始來美時還硬綳綳的，現在已經軟了，這就是勞改，挑大糞、挑米糧弄來的，一個人一天挑二百斤重的東西，這不是開玩笑的！

那些空軍幹部仍不時來問說：「怎麼樣啦？現在改造得怎麼樣啦？」

整個勞改生活就是這樣，做到一九七五年，我覺得這樣地活著沒有希望，生不如死。有了尋死的念頭，我開始裝病，佯稱有失眠症，他們也怕我自殺，每天只給我兩顆安眠藥，我則一直保存起來，積到一百顆的時候就一次吃掉。

大概是命不該死吧！那天上午隊長大清早來倉庫敲門，我平時睡在倉庫內，很「醒睡」的，一敲門就會醒來，這次他敲門不應，覺得有異，蹬開小窗爬進去，看到我穿得好好的，還留有一封信。

我在留信內容強調，純粹個人沒有求生欲望，與任何旁人無關，我這麼寫是不希望一同勞改的那一些老百姓被他們加罪，以為老百姓逼我什麼的。

結果當然我沒死成，他們把我洗胃，在醫院住了三個禮拜，醫生說再晚半個小時送去，就不行了。出院後大約有三個月時間，我自己大小便都控制不了，神經已經被安眠藥麻醉掉。事後他們對我說：「你雖然沒有反對我們什麼，但自殺也是不對的，在這兒多待一會兒吧！」就把我勞改的時間延長三年！

文革結束，一九七七年我被調到武漢市區內一個汽車修護廠，總算搬到城裡頭，在那裡待了四年。

修護廠裡當的是一名普通工人。他們修理汽車很死板，機械性工作，也不去想發動機為什麼會動等等問題，大概我的腦筋比較好吧，工人們有什麼技術問題就來請教，後來在工人們心目中我變成了技術員——雖然我的正式職位還是「普通工人」。

比起從前的日子，做普通工人的這四年，總算「可以有人與我接觸」，工人們也被告知我已脫離「管制」，才有人敢接觸。

從接觸工人之中，可以知道大陸的年輕人很嚮往西方世界，總是問西方世界怎麼樣？我英文比較好，年輕人不懂，也總是來問問。為此，我曾被上面警告：「你不要毒害這些青年人啊！外面的東西就少說兩句吧！」我說：「他們只是問問，我也沒說什麼嘛！」可以看出他們恐懼到這個地步。

一九八一年暑假，他們說「你的英文好，我們需要英文人才」，把我從汽車修護廠調到武漢華中工學院外文系做講師。

華中工學院在武漢除了武漢大學，排名第二，名叫工學院，其實文科理科都有，和大學無異，算是名校。到那兒之後，條件也改善了，給我一個人一間房差不多公寓客廳一半大，有桌子和櫃子，薪水拿六十多塊（原來只有三十多塊），這就是講師的待遇了。

大約三個月後，遇到了「三錢」之一的錢偉長。他到華中工學院想找幾個人幫他辦一份有關力學的英文刊物，協助改正翻譯成英文的文章。錢是主編，當時想物色兩名副教授做副主編，替他審改學術文稿，校方拿了文章要兩名副教授翻譯，錢偉長看後表示不滿意，問「華中工學院還有沒有人？」校方說這裡有一個「這樣的人」，底子怎麼樣沒人曉得，錢說就試一下吧，因為刊物是要給外國人看的，如沒有一定水平拿不出去。

那天，錢偉長找我去談，見了面還說我的「身分」沒關係，他也有很多親戚在「那邊」。錢看了我翻譯的文章後，告訴工學院黨委書記：「把這個人調去當刊物主編。」黨委書記說：「不行啊！兩個副主編都是副教授，他只是講師，怎麼能坐到他們上面？」錢說：「你把他升上副教授就行了嘛！」就這麼一句話，我就變成了副教授——當然，這是為了他們的目的。

錢開始也不是很信任地把全部東西交給我，他不時還親自來看文章，每回他要我把認為最差最難改的幾篇文章給他做，我每次挑的他都很「滿意」，說那些文章的確是英文很差很差，連他也改不了。後來他們要我結婚，就是要利用結婚想把我留住。

空軍的人仍然常來，問我文革完後有什麼「意圖」，我向他們提：「都快二十年了，你們應該交代，到底判了我什麼刑，我從來不知道，我外面又有老婆、父母親，又有兄弟姊妹，總要有個交代啊！」

我既沒被起訴，也沒上過法庭，他們說我是被「寬大處理」，我並不理解什麼是寬大處理。他們每次來探我，我往往提這個問題，不管放不放我，都應該讓我有個交代，我說：「你們的政策也很清楚，毛澤東著作就寫有『願留則留；不願則讓他去！』」我還說：「這是『最高指示』嘛！」

經常這麼說之後，他們終於決定放我，當然他們放我一定結合很多「時機」的，但我並不瞭解當時國際政治環境如何。

一九八二年五月，空軍的幹部正式向我說：「很可能讓你出去，但時機還不曉得。」

從「改造」開始，都是這幾個幹部和我接觸。

六月底他們說要介紹一個階級不低的幹部的女兒同我結婚，我說我有太太在台灣（葉常棣出事時年方三十，在台灣結婚才十個月），他們說：「你太太早就嫁人了！」又說不結婚不讓我出來，七月十五日我結婚了，他們介紹的年輕女子差我十九歲！你想想，這已經不是個人的問題，也不是愛情問題，根本就是政治手段。

九月，決定放我和張立義的消息廣播了，事先他們通知我準備收聽人民廣播電台。同一個月，他們安排我和張立義在北京見了面，都快二十年了！我們彼此都不曉得還活著，當然統戰部長、教育部長這個長那個長請客，安排參觀，為的是想要我們說些好話。我被安排參觀八達嶺長城等地，這在大陸二十年還是第一次「參觀」，一直到十一月被放出來，我都待在北京。

他們放我的時候，告訴我兩點：第一，國民黨不會收你——這一點給他們說對了——你到時不能走就趕快回來。第二，介紹香港新華社一名記者認識，如「那邊」不接你回去，有什麼怨言，就跟這個記者發表，這一點我沒做。

臨走前，他們還說：「你如果回來，這裡有很多職務可以做，政協委員或統戰部、外貿部的職位都可以嘛。」我心想「不管你怎麼講，大陸我是絕對不回去的」。

一九八二年十一月，我們從大陸到香港，一出來抱著滿懷希望。快二十年了，多少辛苦，堅決想回到台灣，結果被澆了一盆冷水！

在香港最難過的一段是政府不接受我們，使我們十分困擾，我們沒地方去，唯一的去路是回大陸，因我們的通行證只有六個月效期。香港新華社記者跑去找我們多少次，我跟張立義說好，不能發表意見。

那時中共安排我們住在尖沙咀，行動仍不太方便，我們住的地方「國際酒店」隔鄰就是華航飛行人員經常住宿的「大使酒店」，當年我的U二副隊長楊世駒從台北來看，找我們過去談談。楊說：「不行，我們那裡行不通，趕快轉向。」我說：「轉向不行呀！我沒有路子，沒有線。」他說沒有關係，他去想辦法。

結果還是楊世駒找到了當年起草U二計畫的肯尼翰將軍，肯氏說：「我們已知道他們出來，但我們不敢接觸，因為二十年了不曉得他們的意圖是什麼？如果他們不想到美國去，那麼我們的接觸不就錯了？」這是一個政治敏感問題，那時美國已與中共建交。

於是我親筆寫一封信告訴肯尼翰我的意願，信寄出去一個多禮拜，他一接到馬上派專人到香港，由楊世駒陪著來找我們，一見面一握手，就遞一個信封——二千塊美金——接了這個錢，心裡真是百感交集，都不知道怎麼講。（葉說至此眼淚盈眶）唉！我又不是美國空軍少校，我是中華民國空軍少校啊！人家還講得很清楚：「你們放心好了，經濟上我們完全給你負責，還有你想到那兒去我們協助你辦。」

在台灣方面不理的情況下，還好中央情報局負責把我們接來美國。一九八三年我以「政治庇護」身分入境，依法一年後於八四年十月取得永久居留證，去年底提出歸化入籍申請，目前等著「面談」。

一九八二年九月我還在大陸的時候，前任太太從報紙上看到我的消息和照片，馬上打電話到休士頓給她的姊姊，出面請託休士頓中共領事館帶信給我，讓我知道她在美國。

那封信的確帶到我手裡，從那封信我才曉得她的情況，近二十年第一次收到「外面」來的信，心裡很激動——什麼都變了，太太改嫁了也有小孩了。

當然我也欣慰，我不希望太太為我而「守寡」，在我被幽禁、勞改的時候，天天祝願她能找到一個人成立更美滿的家，所以我出來後絕不願意破壞人家的家庭。

她的確幫了我很大的忙，我很感謝她，從那封信我曉得她的境況，而且從她的境況曉得我家裡的境況。我向家人求援，一家六兄弟姊妹都答應無論如何要給我有起碼的生活水準。

在香港的那一段恐慌日子，她在人道、經濟和精神上的協助，使我能夠留下來，她還委託她姊姊到香港見我，帶去些錢，使我深深覺得「後面有人支持」，這是很重要的，因為國民黨和自己的政府「不理你了」，一個人多孤單！

至於她的先生是否「諒解」，這方面我不敢講。我出事後並沒有離婚，但被宣布「死亡」，她結婚也是正常的。我的出現難免使她的先生覺得情況變得複雜，我說：「只要你們幸福，我同意辦離婚。」來美後透過她在台親戚協助辦了離婚手續。

來美後，前任太太曾在電話上連絡，我當然很想去看看她們，但在這種情況下反而覺得不必要了。我們已分離這麼久了，沒有必要去破壞她們的幸福家庭，雖然感情還在那兒，但隨著歲月，人事已有了變化，二十年後的今天是不是仍能生活在一起，還是個問題。這段昔日美好的感情誰也改變不了，還在那兒，只是講起來很傷心。

前任太太的姊姊建議到休士頓住，可一起做生意，也好就近照顧，所以我就搬到這裡來，一開始我們做漢堡速食店，後來覺得很累，找了現在珠寶店經理的差事。

這麼多年了我都不願意談往事，從香港到現在，我都沒有讓任何新聞記者發表我這一段遭遇。

一九八三年來美後，八五年曾向北美事務協調會休士頓辦事處徐姓祕書口頭提出申請返台探候媽媽，結果仍未准，到現在協調會也沒人來探望我。我很理解他們未獲指示，並不怪他們。好在去年我媽媽來了美國，最近在加州去世，這讓我很感慨，如果母親是在台北過世……

我當然仍希望回台灣去，但如果只是去「參觀」就沒什麼了，以後拿到美國護照，存些錢自己也可以去，我希望的是政府有心恢復我的軍職，應該領取的終身俸也該補發。

在大陸期間，中共派了空軍的記者替我寫了一本廿六萬字的書，準備我一「回去」就出版，宣傳「這個人如何改造成功」。我曉得這本書已經寫好了，因為這位記者經常訪問我，我就問他為何常來，他說這是交給他的「任務」。提這件事，說明了我放棄一切，就是要自由。

我常講，不要看大陸表面在改，這次天安門事件不就暴露出它的本性？說老實話，我原來都不曉得「反共」是反什麼，胡裡胡塗的，現在我真是知道「反什麼」，二十年更堅定要反共的心。（原載一九九〇年二月十八日《世界周刊》）

附錄三：期待返航的「張傑克」

彭廣揚／專訪

(一)

「英雄為『遭遇非凡的人』，我則是一名一輩子平常和正常的人」張立義說。

在維吉尼亞州北部一處老人院裡，許多人都知道髮鬢花白的「張傑克」是位守分和藹的管理員，任誰也沒有想到這名中國人曾經四次駕駛過U二型高空偵察機，深入共產鐵幕為捍衛世界和平盡過力！

自從來到美國後，張立義寧願做「張傑克」，他說「二十五年前的往事還提它幹啥？」可是英籍航空歷史作家包柯克卻毅然揮起春秋之筆，將他以及「黑貓」中隊另外二十六位好漢寫入歷史。

話要從對日抗戰時期說起。「記得民國三十、三十一年間，我正在小學讀四、五年級，每天都要跑日軍空襲警報；那時學校老師出了『我要立志做……』的題目作文，我很自然寫下立志開飛機的字句。」張立義回憶說，「小學畢業時，看到許多『小哥哥』穿著空軍幼校制服返家省親模樣挺俊，加上那時唸中學的學雜費張羅困難，於是就參加了空幼在重慶地區的招生考試」。

從不懊悔學飛行的張立義，是從千餘名報考者中脫穎而出（只錄取三十二人）進入幼校就讀，當時全期有三百二十人；經過體格和學業陸續淘汰，該期只有一百零八人有資格升上官校求學，而他們之中真正畢業拿到文憑者不過六十六人。

一九五二年下半年，張立義和另外三十一位袍澤到美國受訓，一年後為中華民國空軍首批駕駛噴射戰鬥機（F八四C）執勤的飛行員。

張立義是於一九六四年由空軍精挑細選送到美國亞利桑那州**Davis-Monthan**基地，接受U二型高空偵察機飛行訓練；在他之前，已有楊世駒、陳懷生、許仲揆、王太佑、郗耀華、華錫鈞、葉常棣、李南屏、梁德培、王錫爵等十名袍澤學成歸隊。

當時年輕，又剛經歷抗日、剿匪歲月的張立義，對於這項新的派飛任務，還是秉持從軍初衷，「只要國家需要我，部隊調派我，就當勇往直前」。但是就在一九六四年七月，他剛到「黑貓」隊部報到後不久，立即得悉一名袍澤血灑長空。

那是一九六四年七月七日，李南屏中校駕機從菲律賓出發，先飛越兩廣地區偵照中共輸送武器和其它物資給北越和越共的情形，然後從海南島北端「穿幕」空照河內附近鐵、公路網分佈情形。就在他完成任務開始轉向回航，經過廣東汕頭附近上空，突然機內「十二號系統」自動反制薩姆飛彈示警器急鳴；監聽通信的戰管室最後只連續三次聽到李南屏重複說「我被（飛彈上雷達）鎖定了」，從此音訊全無。

張立義當時就知道出這種任務無異「玩命」，在他報到前，隊友陳懷生、郗耀華、梁德培都已經殉國；葉常棣座機也遭擊落。但是身為革命軍人，他說「我義無反顧」。

駕駛U二型單座偵察機，是對飛行員個人耐力、智力和毅力最大考驗。張立義回憶為了配合飛機高飛，他每次出勤時都必須穿著「重裝備」，由地勤人員抬著上下駕駛艙；至於每次任務雖然目的地不同「綁牢坐滿十小時總是需要」，而且一路還要看圖識路和警戒來襲。至於為著保密因素，「黑貓」隊員經常遭受隔離「待命」，張立義舉例說，李南屏出事後，他曾經在泰國一處美軍基地內活動房屋中「待命」了個把月，眼睜睜看著老美在營區內打鬧或出營休假，而他只有和隊友「自得其樂」。

張立義於第四次駕機出勤時出事。他記得首次飛「蛟龍夫人」，是從泰國一處基地啟程，前往蘭州附近偵照後在桃園落地，第二次出勤則是自桃園出發，以中國大陸和北越交界區域為偵察目標，然後降落在泰國；第三次任務則到過成都、重慶、貴陽一帶。

一九六五年元月十日傍晚六時，他再度由桃園升空，駕駛編號「三五八」的U二C型機飛越東海和黃海，從青島附近「穿幕」，進入中國大陸上空後四十五分鐘，也就是距離北京南方二百哩處，他的座機從追踪雷達幕上失去蹤影了。張立義只記得出事當時飛機航行高度為七萬多呎，突然間天空一陣紅光，座艙內亮光全熄，他就昏過去了。「我想自己是『死』過一次，因為那種感覺說不上來，像是過時光隧道。」張立義說。

曾經在受訓時有過彈跳飄傘經驗，張立義說當時無意識翻滾到一萬呎上空開傘時，心中倒不害怕，只是降落在空曠的雪地中，著實挨了整夜凍。

回想十八年「階下囚」的日子，張立義指出先是受大字一個不識，毛語錄卻熟背的民兵看管，後來遭下放到農村過了五年「胼手胝足」的種田生活。這段期間，他吃的是鹽水泡飯，過的是「動手不動口」（不敢開口）的日子，唯一堪慰的是和自己多年不見的母親聚了幾年並且替她送了終。

輾轉來到美國後，張立義目前坦承最困擾的時期已經過去，「我一切都想開了，自由是無價、可貴的；人只能活一次，我的青春中最寶貴的一段，都是一片空白，我還能要什麼？」

六十一歲目前單身的張立義，獨居在維吉尼亞州一處養老院；走進他的斗室就彷彿踏入昔日軍事部隊營房的連長寢室，在極有限的空間中，他的雪白床單鋪得是有稜有角，五斗櫃、書桌和書架是一塵不染。他坦言沒有烹飪手藝，「我不講究吃，嘴也不刁」，因此上街買外賣就成為「家常便飯」。

望著書桌上擺著的二兒一女近照，這是他的生活最大安慰。「我不能忘懷當年出勤前後摸著孩子們的頭，逗著他們玩的每一片段；雖然過了十八年的隔絕歲月，我心依然熾熱，已經長大了的孩子們卻難免對我生疏了。」張立義無奈的說。對早已改嫁的太太，他沒有多提。

張立義還是對於飛行興趣不減，不過如今他只能聊做地上觀了。看了兩次美國海軍航空隊「藍天使」特技飛行小組的表演，他直說過癮，「不過要開得帥，我的年紀和身體已經不行了。」這位科班出身的駕駛員說。

以飛行譬喻人生，張立義指出：「看飛機在空中左翻右滾上爬下衝的觀眾，總比駕飛機於藍天白雲間做動作者來得過癮；飛機要是平穩的航行沒啥意思，可是要找刺激飛得漂亮就要冒險付出代價。」

張立義一度冒險犯難的英勇事蹟已經載入青冊，什麼時候這名老兵才是正名為英雄呢。

（原載一九九〇年二月十八日《世界週刊》）

(二) 翁台生／專訪

目前滯留美國被拒入境台灣的前U二飛行員張立義說，U二飛行員的故事是到了收場的時候了，政府有關單位應該出面接他們回來，才能對六〇年代那一段黑貓中隊犧牲奮鬥的歷史有個交代。

張立義說，他在大陸被俘繫獄、下放、勞改長達十八年，自一九八三年被迫滯留美國也已六年，前後長達廿四年；他始終不明白的是，在海峽兩岸關係緩和調整之後，大陸與台灣之間已有幾十萬人進進出出，何以他與另一位U二飛行員葉常棣至今仍被排拒在門外？

張立義過去曾向華府北美事務協調會申請返台，幾度被拒。他目前在華府近郊維吉尼亞州一家退休老人院擔任看顧工作，平常還打點零工排遣時間，一直盼望能夠返台，卻始終未能如願。

他十分無奈地指出，一九八三年中共放他們到香港準備返台與家人團聚，他就一心一意想回台灣，最後希望落空才接受美國中情局安排赴美，日子一直過得很不踏實。

一九六五年一月十五日在包頭上空失事時，已育有二兒一女，目前皆已長大成人，女兒現住紐約。張立義透露，他的日子過得十分孤獨，朋友很少，希望早日由政府接送返台與好友同聚。

這位飽經世事滄桑的U二飛行員在受訪過程中語多無奈，十分感傷，張立義很感謝外界對當年這批U二飛行員的關懷，但是，他說：「外間不要只是把U二當傳奇故事看待，而是希望能夠從故事中吸取教訓，現在我們這段悲慘遭遇應該是收場的時候了。」

以下是訪問張立義的摘要：

●問：U二偵察機的故事公開後，頗為各方關注，特別是你跟葉常棣的處境以及未來的打算。

●答：我當然想回台灣去，把我們放在美國是不對的。當初所以要從大陸出來，就是打定主意要回台灣。當初政府沒有理我們，或許是主客觀環境的考量，認定時機不對，現在六年過去了，海峽兩岸幾十萬人來來往往，為何獨拒我們於門外？

●問：是不是有關方面認為這個問題太敏感，還不到解決的時候？

●答：我們的際遇全空軍都了解，也有許多僚友表示同情，大家為何不能公開面對問題。目前英國作家包柯克已經把這一段寫出來，美國國會資料也已解密，海峽兩岸的情況也有很大的改變，U二的問題還有什麼敏感而不能面對的呢？

●問：有關人士說當年是美國中央情報局安排你們赴美，也因此顧慮中情局可能對你們返台有意見？

●答：我不知道怎麼會有這樣的理解。當初人家接我們到美國來已經算是多餘的責任，如果我們能去台灣，也就不用他們費心，中情局當初只是盡到一份道德責任，U二機密性早已消失，怎麼會對我們返台有意見？

●問：你什麼時候跟北美事務協調會申請返台？

●答：以前提出申請過幾次都沒有回音。其實，這並不是我們提申請的問題，而是政府有責任把我們接回去。

●問：有一種說法說你們能否獲准返台要呈報總統核定？

●答：那就請他們呈報總統，不要讓我們壓在中間，把人拖得痛苦不堪，我們只是一個普通的老百姓，也不想讓一些長官為難，可是總要面對問題。

●問：問題是不是卡在你們是「戰俘」的身分上？

●答：這我就不理解。我們出任務已盡了全力，受俘並不是我們主觀上要這麼做的，也是身不由己的悲慘結局。我們只是一個小兵，有什麼好說的，我在大陸已忍受了十八年，出來又捱過了六年，你說人生又有幾個十年？

●問：有人說要修改一些條例才能解決你們的問題？

●答：這都祇是處理上的觀念問題，我們不是處處要學美國先進的觀念嗎？看看人家如何對待被俘同胞的人道關懷。

●問：你對你飛U二這一段人生際遇有什麼感觸？

●答：我看到此間中文報上刊載新任國民黨海外工作會主任章孝嚴的一段話，讓我感慨良多！章孝嚴誠懇希望外界不要祇把他的身世當故事傳，而是要從故事中記取一些教訓。

我們U二飛行員的際遇何嘗不是如此。外界不要只像是在聽一段傳奇故事，而是要從中領悟一些事情，也請政府慎重考慮，實際解決我們的問題。U二飛行員的故事應該有個收場了。（原載一九九〇年二月五日《聯合報》）

尾聲：黑貓中隊偵察總結報告

楊世駒

一、開始籌劃時期：一九五八年（民國四十七年）十月，空總情報署衣署長復恩、作戰署雷署長炎鈞聯合訪問桃園、新竹、清泉岡、台南等基地，分別初選上尉及少校官階之戰鬥機飛行員十二員，於一九五九年三月送沖繩島美空軍卡迪那基地，作加壓室高空生理檢查，複選錄取楊世駒、陳懷、郗耀華、王太佑、華錫鈞、許仲揆等六員，於同年五月由美方戰略空軍（ＳＡＣ）情報官傑克森少校率領赴美國德州南邊（美墨邊境）的拉佛林基地接受Ｕ二高空偵察機飛行訓練，受訓初期，許仲揆上尉因操縱不當遭淘汰改送內華達州納林斯基地接受Ｆ一〇〇炸射教練訓練，其餘五員於同年八月受訓完畢返台待命，每員飛行約五十餘小時。

二、部隊成立時期：一九六〇年春，美方U二飛行員包爾斯於執行任務時，在蘇俄境內遭地面地對空薩姆二式飛彈擊落被俘，引起國際驚訝，致使我方U二計畫延後實施。同年八月楊員等五員又奉命再度赴德州複訓，同年十月返台，同年十一月中旬美方地面指揮及維護安全人員四十餘人進駐桃園基地（由美國中央情報局撥發經費及主管安全戰略空軍指揮洛克希德飛機製造廠任維護），我空軍編列空軍第卅五獨立中隊成立，直接隸屬空軍總司令，實際由情報署衣將軍復恩秉承總統意旨直接指揮。初次編組成員如下：隊長：盧錫良（原RB五十七隊長）；副隊長：楊世駒；主任參謀：包炳光；U二飛行員：楊世駒、陳懷、王太佑、郗耀華、華錫鈞。一九六一年元月初U二機一架正式進駐（飛機拆卸後載裝在C一四一運台再裝回試飛），同年二月中即開始本場熟習飛行及複訓，因本島距大陸過近，為避開中共雷達偵知，故在本島上空飛行以不超過四萬呎為限，需要上高空七萬呎時則東飛太平洋上空實施。

三、開始服行任務時期：一九六一年四月中旬，U二機開始執行任務，航路及目標之決定及起飛時間等皆由美方戰略空軍總部擬訂，每日下午或晚間密電桃園卅五中隊指揮室，請示我最高當局同意，派遣飛行員二人待命進駐基地宿舍，次日零晨由保健醫師按起飛時間（視目標地區遠近而決定）喚起床檢查身體進食，再至情報室由各專業人員作任務提示（約四十五分鐘），然後至個人裝備室呼吸純氧一小時，穿著高空壓力衣（由專業人員協助穿著），送入氧氣專車送至跑道頭任務機座艙內，準時起飛（多在凌晨三點多時間）。U二機首次西北任務為一九六二年元月十三日，由陳懷少校出勤，目標為甘肅省雙城子附近共軍飛彈發射台及機場等。二月初楊世駒中校執行青海省格爾木（青海內海）原子工廠及蘭州鐵路沿線工業地帶；此後每月視目標區天氣情況，隨時派遣執行照相任務，舉凡東北之佳木斯、小豐滿電廠、瀋陽飛機製造廠、綏遠、北平、包頭、西安、成都、武漢、昆明、廣東、中越邊界、羅布泊原子彈爆試場等目標皆在我U二機涵蓋範圍，總計自一九六一年迄一九六五年，U二機服行深入大陸任務約三十餘架次，自一九六六年以後，深入大陸任務減少，多為沿海斜照相任務，以迄一九七四年撤退。

U二偵察機任務主要為目標照相及搜集電訊資料（照相底片每次攜帶八千呎）初期任務於飛機落地後，即由美方C一三〇將照相底片及錄音帶運送日本及美國本土沖印及分析。為此我方要求中情局撥專款購置裝備，成立照相技術中隊U二機專用作業室，奠定現在空軍照相技術隊基礎，目標之判讀及情報資料應用，中美雙方合作交換核對。

四、作戰及訓練損失：

A、作戰損失：總計U二機六架、飛行員四員。

楊世駒說：「這一段機密總算可以公開了。」

(1)一九六二年九月九日，陳懷生少校執行西安任務，飛經江西南昌上空，被共軍薩姆二式飛彈擊落，墜地重傷殉職。

(2)一九六三年十一月一日，葉常棣少校執行武漢任務飛經江西鷹潭附近為薩姆二式地對空飛彈擊中，飛行員跳傘被俘勞改，於一九八三年雙十節釋放至香港，一九八四年春經美方中情局協助赴美定居。

(3)一九六四年七月七日，李南屏中校自菲律賓美海軍基地庫比角起飛，執行海南島中越邊界任務，於通過福建沿海澄海縣上空（在金門島西南方六十浬），被薩姆二式地對空飛彈擊中殉職。

(4)一九六五年一月十日，張立義少校自韓國昆山（代號K－八）起飛，經山東半島至山西省包頭執行夜間紅外線照相，以判讀附近原子彈工廠產量，不幸於凌晨二時半左右為薩姆二式地對空飛彈擊中，跳傘被俘勞改，於一九八三年雙十節，與葉常棣少校同時釋放至香港，經美方中情局協助安排赴美定居。

(5)一九六七年九月八日，黃榮北少校初次執行江蘇省上海杭州任務，於嘉興上空遭薩姆二式飛彈擊中殉職。

(6)一九六九年五月十六晚，張燮少校執行河北沿海任務，起飛後進入黃海上空，不幸飛機操縱失靈墜海（在韓國濟州島南約一百浬），機毀人亡，經海空搜索一週無結果。

B、訓練損失：U二機八架、飛機員六員。

(1) 一九六一年三月十九日，郗耀華少校在桃園機場作夜間起落訓練時失事，飛機偏出跑道起火殉職。

(2) 一九六四年，梁德培少校於本島航路照相訓練時，因操縱不當，飛機超速解體墜落巴士海峽，遺體一週後由漁船撈獲。

(3) 一九六五年，王政文少校在本島訓練航路照相時，操縱不當超速解體，飛機墜落台灣北部三貂角深海中，僅發現部分殘骸。

(4) 一九六六年春，吳載熙少校作高空照相訓練飛行，因高空發動機熄火下降，準備降落清泉岡軍用機場，因測場不準迫降水湳機場，Over Shoot碰及民房失事，重傷殉職。

(5) 一九六六年底，余清長少校於長途高空訓練飛行中，發動油路破裂熄火，迫降沖繩島外海沙灘未果，失事殉職。

(6) 一九七〇年初，黃七賢少校於桃園作起落訓練時失事殉職。

(7) 一九六五年春，范鴻棣少校在美國亞利桑那州大衛山基地受訓，於第二次飛行時機械故障跳傘，機毀人安，後繼續訓練完成任務。

(8)一九六六年，盛世禮上尉在美國亞利桑那州大衛山基地受訓，因操縱不當跳傘兩次，損失U二兩架，遣送返台，回空軍清泉岡基地。

五、空軍派遣飛行軍官接受U二機訓練共計三十員，完訓者共廿七員，未完訓者三員。

(1)作戰損失：四員。

(2)訓練損失：六員。

六、歷任U二機隊長（卅五中隊）如下：

(1)盧錫良（一九六一－一九六三年底）

(2)楊世駒（一九六三年底－一九六九年底）

(3)王太佑（一九六九年底－一九七〇年夏）

(4)劉宅崇（一九七〇年夏－一九七二年春）

(5)王濤（一九七二－一九七四年）

七、結論：

U二機由洛克希德飛機製造廠為美戰略空軍（SAC）製造之傑出高空偵察機，作戰半徑二千浬，巡航高度七萬呎，可同時裝載照相機二具、九吋寬之底片八千呎，及卅六組週率之錄音帶，於一九五八年正式服役。當年由於蘇俄及中共互相勾結，鐵幕低垂，美方無法偵得情報，因而由中情局出面組織一特勤小組，由中情局負責安全及談判，戰略空軍負責指揮作戰，洛克希德負責專業維護，利用中蘇鄰近國家如德國、土耳其、巴基斯坦、泰國、菲律賓、日本、韓國以迄北歐之挪威等地空軍基地，穿梭起落，執行高空照相搜集情報任務，迨一九六〇年中共管制更嚴，無法滲透，因與我政府談判，利用我基地及飛行員執行高空照相任務，以窺探中共之軍事部署及武器發展。自一九六二年春開始，戰果輝煌，例如中共第一次原子彈試爆（一九六三年）、第二次試爆（一九六四年）及製造能量，皆由我U二機上之高科技術裝備（如夜間紅外線照相）偵得。其他中共在各省之工業重心、飛彈發射台、交通中樞、越戰期中之支援等目標，皆在我照相涵蓋之內。兵家常言，知己知彼，勝算可期。卅五中隊雖僅成立工作十三年，惟對國家及自由世界實功不可沒。

附：「黑貓中隊」完訓名單

一九五九年　楊世駒、陳懷生＊、王太佑、郗耀華＊、華錫鈞

一九六三年　葉常棣、李南屏＊、梁德培＊、王錫爵

一九六四年　張立義、王政文＊、吳載熙＊。

一九六五年　劉宅崇、余清長*、莊人亮
一九六六年　張燮*、范鴻棣
一九六七年　黃榮北*
一九六八年　沈宗李、王濤、李伯偉、黃七賢*
一九七一年　魏誠、錢柱（未有出勤紀錄）

*訓練或出任務時殉職

後記

翁台生

Ｕ二高空偵察機的故事曾經是我們這一代在台灣生長中國人心中的「最高」機密，童年隱約還記得報章零碎的神祕片斷，但是一般人通常只能把Ｕ二冒險故事跟金山活動中心的「懷生廳」、仁愛路空軍總部旁的「懷生國中」聯在一起，只知道有這樣一位勇士駕駛Ｕ二為國殉難，隨風而去，卻始終無緣一窺高度機密的執行作業細節。

一直到了民國七十二年Ｕ二神祕的身影仍未褪去，當中共宣布釋放失陷大陸廿年的Ｕ二飛行員葉常棣、張立義之時，台灣方面一陣錯愕，考量當時「回歸」的統戰形勢，未敢提供中共所謂的「便利條件」，讓葉、張兩人返台歸隊。Ｕ二的故事本來就是高度敏感的話題，加上統戰陰影的干擾，再度遭到封殺，無緣對台灣民眾公開。

多虧英國航空史作家包柯克（CHRIS POCOCK）費心蒐集美國空軍與中情局的解密資料，寫成《蛟龍夫人——U二型偵察機的歷史》一書，總算讓中華民國空軍駕駛U二出生入死的事蹟公諸於世。

美中不足的是，這本去年六月出版的專書中，只有第六章「穿幕之旅」專門討論桃園黑貓中隊的故事，在全書二百二十四頁中只占了二十頁左右，這就U二偵察機的歷史角度或許有其考量因素，但是，U二偵察機問世以來，由中華民國空軍卅五中隊所執行的高空偵察任務最為艱險，犧牲也最大，用這樣簡單的篇幅就交代過去，作為一個中國讀者，看起來實在心有不平。

我在摘譯《蛟龍夫人》書中有關「黑貓中隊」章節時，幾度訪問四位目前在華航服務的前U二飛行員，查核書中所描述的細節，終於忍不住決定自己動手改寫，盡可能讓讀者瞭解整個故事真相，和一些冷戰時代的悲劇。

今年三月，透過《世界日報》紐約記者彭廣揚的熱心幫忙，我總算跟包柯克接上了頭。他當時正在新加坡參觀一項航空展覽，碰到幾位當年黑貓中隊美國中情局派駐桃園人員，也跟飛過U二的華航飛安室主任沈宗李碰過面，得知他的《蛟龍夫人》譯載在台灣很轟動，對我所提改寫的構想自然也相當支持。

我跟包柯克利用傳真書信、電話交換過幾次意見，他也熱心補寄一些訪談背景資料，其中大部分是中情局退職人員的口述內容；這一段期間我也細讀了中共所公布當年有關擊落U二內幕的《昨天的祕密》和《U二覆滅記》等相關資料，兩相對照之下，總算能「知己知彼」，能以較完整的視野敘述整個故事。

「黑貓中隊」隊員楊世駒、王太佑、沈宗李、范鴻棣都曾熱心詳述當年執行任務細節，其中楊世駒、王太佑還提供一些當年隊上照片，彌足珍貴。當年擔任空軍情報署署長衣復恩先生實際參與協商中美合作偵察作業，角色至為重要；他在三度長談中耐心說明當年作業的內幕，對全書架構的奠基助力最大。

在整個資料蒐集的過程中，最大的困難還是來自官方遲疑冷漠的回應。幾位不願意透露姓名的空軍軍官私下來電，希望《黑貓中隊》一書能給這一段歷史作個完整公平的交代，可是我在透過公開管道無從查證資料的情況下，卻也時時擔心會損及空軍飛官英勇的形象。

比較令人欣慰的是，目前滯留美國的前U二飛行員葉常棣、張立義總算經國防部正式宣布，有了返台的機會，將來可望對整個U二的故事有個完整的交代。這一部分得特別感謝聯合報系《世界日報》記者彭廣揚、林佩韋、沈正柔追踪採訪葉常棣、張立義，將他們兩位的心境刻劃得十分感人，本書自然也樂於收錄這些情節。

謝謝《聯合報》總編輯黃年，還有張繼高、胡遜、呂俊德、歐陽元美、謝蜀芬幾位先生小姐，他們在本書構思成形過程中都曾獻出心力。其他一些不知名或不方便具名的熱心朋友所提供的幫助，也只能在此默默言謝了。

民國七十九年四月四日於台北

黑貓中隊

79.04.1090

中華民國七十九年四月初版
中華民國七十九年九月第三次印行

Printed in R.O.C.

定價：新臺幣180元

著　者　翁　台　生
CHRIS POCOCK
發行人　王　必　成

出版者　聯經出版事業公司
臺北市忠孝東路四段555號
電　話：3620137・6418661
郵政劃撥帳戶第0100559-3號

行政院新聞局出版事業登記證局版臺業字第0130號

ISBN 957-08-0313-4

・59001・